Wird das was — oder kann das weg?

BÄRBEL OFTRING

KOSMOS

Gänse-Fingerkraut

Wilde Malve

Kapuzinerkresse

Drüsiges Springkraut

Inhalt

Kraut oder Unkraut?

Mit Vogelgezwitscher und dem ersten frischen Grün zieht der Frühling ins Land. Auch im Garten beginnt es zu sprießen und man stellt sich die Frage: „Was ist gut und was kann weg?“

NEUE PFLANZEN TREIBEN AUS

Jedes Jahr im Frühling geschieht ein Wunder und die scheinbar leblosen Pflanzen wachen auf. Grüne Spitzchen schieben sich aus dem kahlen Boden, werden länger, erste Blätter entfalten sich, dann erscheinen die nächsten und so langsam wird die ganze Pflanze sichtbar. Doch welche Pflanze drängt da zum Licht? Bei Stauden, die seit Jahren am selben Platz gedeihen, wissen Sie es meist – anders an den Stellen, an denen Sie nichts gepflanzt haben. Dieses Buch soll Ihnen helfen, eine Antwort auf Ihre Frage zu finden. In den folgenden drei Kapiteln finden Sie die häufigsten Pflanzenarten, die im Frühjahr im Garten keimen oder neu austreiben.

WAS IST ZU TUN?

Außerdem soll Ihnen das Buch auch eine Hilfestellung dabei sein, was Sie tun können, wenn Sie denn wissen, welche Pflanze da zu leben beginnt. Es könnte nämlich eine Zierpflanze sein, die sich selbst ausgesät hat, es könnte auch eine ökologisch wichtige Wildpflanze sein, die von selbst den Weg in Ihren Garten gefunden hat oder aber ein lästiges Unkraut.

Was wächst denn da?

Im Garten keimen und treiben nicht nur die Pflanzen aus, die Sie eingepflanzt haben, sondern auch jede Menge andere – solche, die sich selbst aussäen, unterirdisch ausbreiten oder vom Wind eingetragen wurden.

ERKLÄRUNG DER VERWENDETEN SYMBOLE

Diese Pflanzen haben einen hohen Zierwert. Dazu zählen nicht nur typische Gartenpflanzen, sondern auch Wildpflanzen, darunter manche, die zum Teil als „Unkraut" verschrien sind.

Diese Pflanze ist eine Zeigerpflanze, die nur auf bestimmten Böden wächst. Ihre Anwesenheit gibt Ihnen klare Informationen über den Zustand des Bodens, ob er sandig, feucht oder staunass, mager, nährstoffreich oder verdichtet ist.

Diese Pflanzen neigen dazu, sich stark auszubreiten – entweder über Samen oder Wurzelausläufer und Rhizome. Um den Ausbreitungsdrang dieser Pflanzen zu kontrollieren, sollten Sie Abgeblühtes konsequent entfernen (damit sich keine Samen bilden können) und eventuell Wurzelbarrieren nutzen.

Alarm! Pflanzen mit diesem Symbol sollten Sie unbedingt entfernen, am besten schon als Sämlinge!

Diese Pflanzen haben einen hohen ökologischen Wert und sollten in keinem Garten fehlen. Sie liefern Insekten, Vögeln und anderen Tieren Nahrung in Form von Nektar, Pollen, Blättern, Samen und Früchten und sie bieten den heimischen Tieren einen wichtigen Lebensraum.

Pflanzen mit diesem Symbol sind giftig, wobei der Gehalt an giftigen Substanzen sehr unterschiedlich ist und von schwach giftig bis tödlich giftig reicht. Ampferarten beispielsweise sind essbar, sollten aber wegen der schwach giftigen Oxalsäuren roh nur in Maßen verspeist werden. Fingerhut auf der anderen Seite ist tödlich giftig.

Pflanzen mit diesem Symbol sind für Menschen essbar. Bei manchen Pflanzen sind alle Pflanzenteile essbar, bei anderen Pflanzen nur die Blätter, Blüten, Früchte oder Wurzeln. Verzehren Sie nur Pflanzen, die Sie wirklich kennen!

Diese Pflanzen enthalten unterschiedliche heilwirksame Substanzen. Manche von ihnen sind alte Heilpflanzen, die früher verwendet wurden und heute nicht mehr gebräuchlich sind, andere werden immer noch in der Volksheilkunde eingesetzt und wieder andere eignen sich nicht für den Eigengebrauch, sondern liefern nur Substanzen für Medikamente.

Diese Pflanzen kommen mit vielen Bedingungen zurecht. Sie ertragen längere Trockenheit ebenso wie feuchte Phasen, heiße Sommer und kühle.

Das Frühjahr steht im Zeichen von Keimen und Austreiben. Stauden, Zwiebel- und Knollenblumen sind ausdauernde Pflanzen. Sie besitzen unterirdische Speicherorgane wie Wurzel, Rhizom, Zwiebel oder Knolle, die den Winter nach dem Absterben der oberirdischen Pflanzenteile überdauern. Im Frühjahr treiben aus diesem Speicherorgan neue Triebe und Blätter aus. Einjährige Pflanzen hingegen sterben nach der Blüte und Samenbildung komplett ab. Nur die Samen ruhen im Boden, keimen im Frühjahr und bilden eine neue Pflanze, die im selben Jahr blüht, fruchtet und abstirbt. Auch die Samen der ausdauernden Pflanzen keimen nun, aber sie wachsen zu mehrjährigen Pflanzen heran, die jedes Jahr größer werden.

Beifußblättriges Traubenkraut, auch Ambrosie genannt, sollten Sie unbedingt vor der Blüte entfernen! Die Pollen können heftige Allergien auslösen.

WAS IST UNKRAUT?

So sehr ein Garten von Menschen angelegt und gestaltet wird, so sehr ist der Garten auch Teil der heimischen Natur. Darum gedeihen im Garten nicht nur die Pflanzen, die Sie bewusst pflanzen, sondern es finden auch heimische Wildpflanzen – vor allem über Samen – den Weg in den Garten, in dem sie keimen, sich ansiedeln und möglicherweise auch ausbreiten. Viele dieser Pflanzen werden schnell als „Unkraut" bezeichnet. Jedoch ist im Grunde genommen jede Pflanze, die am falschen Platz wächst ein Unkraut, ein unerwünschtes Kraut: Klatsch-Mohn im Getreidefeld ebenso wie Schnittlauch im Blumenkasten. Unkräuter nehmen den kultivierten Pflanzen Licht, Raum, Wasser und Nährstoffe weg – aber muss Unkraut deshalb unbedingt immer und überall entfernt werden? Nein, denn Sie haben die freie Entscheidung, was Sie mit den Unkräutern machen: Raus oder wachsen und gedeihen lassen? Dieses Buch hilft Ihnen dabei, diese Entscheidung zu treffen. Denn manche Pflanzen, die da so einfach im Beet oder zwischen Plattenfugen gedeihen, sind gar keine Unkräuter, sondern zierende Pflanzen, die sich selbst aussäen und Ihren Garten verschönern. Andere Unkräuter sind hübsch anzusehen, bedecken schützend den Boden, sind als Wildpflanzen essbar, als Heilkräuter verwendbar oder sind für Schmetterlinge, Bienen, Vögel und andere Wildtiere ökologisch wichtig. Vielleicht können Sie mit diesem Wissen „Unkräuter" mit etwas anderen Augen sehen und in Maßen oder an bestimmten Stellen in Ihrem Garten dulden. Oder das hartnäckige Einschränken und Entfernen auf die Unkräuter beschränken, die wirklich lästig werden können. Bei den Pflanzenporträts erhalten Sie jeweils Hinweise darauf, wie Sie mit den Sämlingen umgehen – ob sie bleiben können oder ob es besser ist, sie zu entfernen.

BODEN MULCHEN

Offene Bodenflächen, auf denen Sie keinerlei Wildwuchs wünschen, sollten Sie stets bedeckt halten. Pflanzen Sie dort konkurrenzstarke Bodendecker wie Steinkraut, Frauenmantel, Storchschnabel oder Goldnessel oder mulchen Sie mit natürlichen Mulchmaterialienn, zum Beispiel mit getrocknetem Rasenschnitt.

Mit einer Handschaufel entfernen Sie unerwünschte Pflanzen samt Wurzelstock.

WILDKRÄUTER ANSIEDELN

Es gibt auch den umgekehrten Weg: Wenn Sie bestimmte heimische „Unkräuter“ in Ihrem Garten wünschen, die bisher dort noch nicht wachsen, so sammeln Sie am Weg-, Feld- und Gebüschrand gezielt die Früchte und Samen. Streuen Sie sie dort aus, wo die Pflanzen wachsen sollen.

UNKRAUT ENTFERNEN, ABER WIE?

Bei den Unkräutern gibt es unterschiedliche Typen:

- **Samenunkräuter** wie Hirtentäschel oder Ehrenpreis bilden große Mengen an Samen. Diese Samenbildung verhindern Sie, indem Sie die kompletten Pflanzen spätestens am Ende der Blüte entfernen (nicht auf dem Kompost entsorgen). Achten Sie auf keimende Pflanzen, die Sie dank der noch zarten Wurzeln leicht aus der Erde ziehen können. Oder Sie reißen beim Hacken die jungen Pflanzen aus der Erde. Günstiger Zeitpunkt: trockene Tage, damit die ausgerissenen Pflanzen vertrocknen und nicht neu anwachsen können.
- **Wurzelunkräuter** besitzen tiefe Wurzeln oder – noch unangenehmer – ober- oder unterirdische Ausläufer. Pflanzen mit einer Pfahlwurzel, wie Löwenzahn oder Ampfer, stechen Sie mit einem Unkrautstecher vollständig aus. Bei ausläuferbildenden Pflanzen ist das Entfernen mitunter mühsam und Sie brauchen oft viel Geduld. Entfernen Sie im Frühjahr konsequent und sofort jeden oberirdischen Trieb, der auftaucht. Sie können auch den Boden mit der Grabegabel lockern, die Ausläufer freilegen und jedes Fitzelchen und Wurzelstückchen aussortieren.

Der Unkrautkuli beseitigt Unkraut, wenn Sie ihn oberflächlich durch den Boden ziehen.

GEHÖLZE, DIE SICH SELBST AUSSÄEN

Pflanzenname	Was tun?
AHORN (*Acer*)	Sämlinge entfernen oder an eine passende Stelle umpflanzen
BIRKE (*Betula*)	Sämlinge entfernen und junge Blätter im Salat verspeisen. Pioniergehölz, schnell wachsend, kann im ersten Jahr bis zu 1 m hoch werden
HASEL (*Corylus avellana*)	Sämlinge entfernen oder an eine passende Stelle umpflanzen. Da Hasel zum Wuchern neigt, regelmäßig Triebe samt Wurzeln mit dem Spaten abstechen
WALNUSS (*Juglans regia*)	Sämlinge entfernen, da aus einer Walnuss ein ausladender, sehr großer Baum wird
WEIDE (*Salix*)	Sämlinge entfernen. Pioniergehölz, sehr vital und sehr ausschlagfreudig

Hier ist eine Haselnuss gekeimt. Am Sprössling können Sie schon die typischen Blätter der Hasel erahnen.

ÖKOLOGISCH WERTVOLL

Heimische Pflanzen bieten den Vögeln, Kleinsäugern, Insekten und anderen Wildtieren nicht nur Lebensraum, Nist- und Brutplätze, sondern auch reichlich Nahrung. Die meisten Tiere sind nämlich in der Wahl ihrer Nahrung oft sehr konservativ. Sie fressen nur das, was sie kennen – und das sind vor allem die Blätter, Samen und Früchte heimischer Pflanzen. Schmetterlingsraupen beispielsweise ernähren sich meist nur von den Blättern einer, zweier oder ganz weniger Pflanzen. Wo diese Futterpflanzen nicht wachsen, gibt es den Schmetterling auch nicht. Tagpfauenauge, Kleiner Fuchs, Admiral, Distelfalter und viele weitere Schmetterlingsarten gehören nur deshalb zu den noch häufigen Faltern, weil es so viele Brennnesseln gibt. Natürlich bedeutet es nicht, dass sofort Kleine Perlmuttfalter in Ihren Garten einziehen, wenn Sie seine Futterpflanze – in dem Fall das Acker-Stiefmütterchen – gedeihen lassen, denn wo keine Falter fliegen, können auch keine Eier für die nächste Generation abgelegt werden. Aber Sie eröffnen die Möglichkeit, dass vielleicht in einem, zwei oder drei Jahren doch mal ein Kleiner Perlmuttfalter die Acker-Stiefmütterchen in Ihrem Garten findet und dort eine neue Generation dieses Schmetterlings groß wird. So bringt jede neue heimische Pflanze zehn neue

Birken keimen sogar im Blumenkasten. Die leichten Samen werden vom Wind verblasen.

Von wegen unordentlich: Der Wildwuchs zwischen den Steinfugen am Boden ziert den Weg und lockt außerdem zahlreiche Insekten an.

heimische Tiere in Ihren Garten – und das ist nicht nur gut, sondern angesichts der Rückgänge bei Insekten, Vögeln und anderen heimischen Tierarten in Größenordnungen von 80 % innerhalb der letzten 50 Jahre äußerst wichtig. Sie können das selbst in Ihrem Garten an einem Beispiel prüfen: Wie viele Insekten besuchen die nektarreichen Blüten vom Flieder? Und wie viele die der heimischen Brombeere? Lassen Sie heimische Pflanzen in einer wilden Ecke gedeihen – sie locken jede Menge heimische Tiere an. Es gibt wichtige Gründe dafür, dass heimische Tiere in Ihrem Garten leben: Die Bienen, Schmetterlinge und andere Insekten bestäuben die Blüten, ohne die es weder Äpfel noch Kirschen und auch keinen Honig gäbe. Vögel, Raubwanzen und andere Tiere ernähren sich von Blattläusen und anderen Kleintieren und sorgen dafür, dass die Gemüse, Kräuter und Blumen gesund bleiben.

ESSBARE PFLANZEN

Blätter, Triebe, Blüten, Früchte und Samen aus dem eigenen Garten sind die beste Quelle für Ihre Speisen, denn Sie wissen ganz genau, wie die Pflanzen behandelt wurden – im Idealfall ohne mineralische Dünger, ohne Pflanzenschutzmittel, ohne Verschmutzungen von Verkehr oder Tierkot. Und glücklicherweise sind nicht nur die angebauten Gemüse, Kräuter und Obst essbar, sondern auch viele Wildpflanzen, die sich in Ihrem Garten an-

WÄHLEN SIE WILDBLUMEN FÜR IHREN GARTEN!

(links) Hier haben sich Königskerzen ausgebreitet und versprühen sommerlich warmes Gelb im Blumenbeet.

(unten) Diese Königskerzen sind erst vor wenigen Monaten gekeimt. Im kommenden Jahr werden aus den bodenständigen Blattrosetten meterhohe Blütenfackeln wachsen.

gesiedelt haben. Ernten Sie nur gesunde, saubere und unverletzte Pflanzenteile, entfernen Sie unsaubere, kranke oder schadhafte Stellen und entsorgen Sie diese auf dem Kompost. Insekten und andere Kleintiere, die sich zwischen den Pflanzenteilen versteckt haben, entlassen Sie noch im Garten in die Freiheit. Pflücken Sie aber nur die Pflanzen, die Sie genau und eindeutig kennen – das gilt auch im Garten. Nur dann wissen Sie mit Gewissheit, dass Sie nicht versehentlich eine giftige Pflanze geerntet haben.

Bitterstoffe dienen der Pflanze oft als Fraßschutz. Von bitterstoffhaltigen Pflanzen wie etwa Löwenzahn ernten Sie am besten nur die jungen Blätter, denn mit zunehmendem Alter werden sie immer bitterer. Auch nach der Blüte reichern sich in vielen Pflanzen mehr Bitterstoffe an. Am besten verwerten Sie die geernteten Pflanzenteile sofort frisch, denn dann enthalten Sie noch die meisten Mineralstoffe und Vitamine.

Aus den Blättern, Blüten und Früchten verschiedener Pflanzen können Sie auch einen Tee zubereiten. Es eignen sich frische Pflanzenteile oder getrocknete. So wird getrocknet: Das frische Pflanzengut sanft und langsam im Schatten oder in einem luftigen Raum trocknen, danach luftdicht und dunkel lagern. Für die Zubereitung übergießt man ein bis zwei Teelöffel des getrockneten Krauts pro Tasse mit 90 °C heißem Wasser (dazu Wasser aufkochen, dann zwei bis drei Minuten abkühlen lassen) und fünf bis zehn Minuten ziehen lassen.

HEILPFLANZEN

Heilpflanzen enthalten heilwirksame Inhaltsstoffe, die gut für Haut und Haar, Atemwege, Herz und Kreislauf, Kopf und Nerven oder für die Verdauung und sind. Alkaloide sind zwar starke Nervengifte, in geringen Konzentrationen jedoch sehr heilkräftig. Bitterstoffe regen die Verdauung an, Gerbstoffe lindern Entzündungen, Reizungen und Verletzungen, Glykoside wirken auf Herz und Kreislauf, Saponine fördern den Auswurf, etwa bei Husten, und Schleimstoffe schützen die Schleimhäute. Bei den einzelnen Pflanzen finden Sie genauere Angaben zu den jeweiligen Heilwirkungen – dabei gilt, dass trotz sorgfältiger Recherche jeder selbst für sich und sein Tun verantwortlich ist und dass dies nicht von Autor oder Verlag übernommen werden kann.

LÄNGLICHE BLATTFORMEN

Erste Blätter mit länglicher Form

In diesem Kapitel finden Sie verschiedene Pflanzen, deren Sämlinge längliche Blätter besitzen – länglich bedeutet, dass die Blätter viel länger als breit sind.

LÄNGLICH – WAS IST DAS?

Lanzettliche, linealische, schwert-, spieß-, pfeil- und spatelförmige, auch viele elliptische Blätter haben eine eher längliche als rundliche Form. Wenn Sie unsicher sind, ob das Blatt eines Keimpflänzchens tatsächlich länglich ist, so schauen Sie sich zum Vergleich die linken Fotos der Pflanzen in diesem Kapitel an.

BLÄTTER VERÄNDERN SICH

Die ersten Laubblätter sind meist nicht nur kleiner als die Folgeblätter, sondern auch viel einfacher gebaut. Ihre Blattränder sind weniger gezähnt, gekerbt oder bestachelt, ihre Spreite ist oft weniger stark strukturiert und flächiger. Auch die Stängelblätter unterscheiden sich von den grundständigen Blättern. Für die Zuordnung einer Pflanze zu diesem Kapitel mit der Blattform „länglich" sind nur die ersten im Frühjahr erscheinenden oder austreibenden Blätter entscheidend.

Acker-Hellerkraut

Die flachen, fast runden Schotenfrüchte, die an Münzen (Heller) erinnern, gaben der Pflanze ihren Namen.

FRISCH GEKEIMT

Das Acker-Hellerkraut wächst vor allem in lockeren, stickstoffreichen Böden, die von Menschen bearbeitet wurden. Die Keimblätter und ersten grundständigen Laubblätter der keimenden Pflänzchen sehen völlig anders aus als die späteren Laubblätter, die allesamt gestielt sind und einen glatten Blattrand haben. Die Keimblätter sind fast rechteckig, die ersten Laubblätter sind eher löffelförmig.

NACH 10 TAGEN

Bald verwelken die grundständigen Laubblätter und die kantigen Stängel erheben sich. An ihnen sitzen wechselständig die länglichen bis dreieckigen Laubblätter, die beim Zerreiben nach Lauch riechen. An den Stängelenden erscheinen bald die ersten Blütenknospen.

STECKBRIEF

BOTANISCHER NAME: *Thlaspi arvense* (Kreuzblütengewächse)

LEBENSFORM: einjährig

BLÜTEZEIT: April bis August

HÖHE: 10 bis 50 cm

VORKOMMEN: ziemlich häufig; auf Feldern, Schutt- und Ödflächen, Höfen, an Wegen, in Weinbergen und Gärten

STANDORT: sonnig; frischer, lockerer, nährstoffreicher Boden

DIE BLÜTENKNOSPEN, BLÜTCHEN UND NOCH WEICHEN SCHÖTCHEN WÜRZEN SPEISEN MIT MILDEM RETTICHGESCHMACK.

IN DER LANDWIRTSCHAFT

Das Acker-Hellerkraut tritt vor allem auf Getreide-, Raps-, Mais-, Rüben- und Kartoffeläckern auf. Dort wird es meist mit Pflanzenschutzmitteln bekämpft, um die Samenbildung zu unterbinden. Durch die jährlichen Fruchtfolgen soll verhindert werden, dass es in Rapsfeldern gedeiht – das Acker-Hellerkraut gehört wie der Raps zu den Kreuzblütengewächsen (Gefahr von Kohlhernie).

NACH 2 MONATEN

Von März bis Mai können Sie die jungen Blätter ernten: Sie haben ein mildes Senfaroma und schmecken fein geschnitten in Wildkräutersalaten und Quark. Bei den erwachsenen Pflanzen ändert sich an den sich streckenden, wenig verzweigten Stängeln im oberen Bereich nochmals die Blattform: Der Blattgrund der nun buchtig grob gezähnten Blätter umschließt pfeilförmig den Stängel. Die Stängelenden strecken sich und aus dem dichten kopfigen Blütenstand wird eine Traube, die sich nach und nach stark verlängert. Die kleinen, weißen Blütchen bestehen aus je vier 3 bis 4 mm langen, abgerundeten oder leicht eingebuchteten Kronblättern. Da die Blüten kaum Nektar und Pollen beinhalten, werden sie nur von wenigen Insekten besucht. Sie können sich selbst bestäuben. Im Blütenstand öffnen sich die Blüten von unten nach oben. Und während im unteren Bereich schon die ersten Früchte heranreifen, entstehen am Stängelende fortlaufend neue Blüten. Die auffallenden Schötchenfrüchte sind bis zu 1,5 cm lang, flach, rund und mit breit geflügeltem, vorne eingeschnittenem Rand. In jeder Schote sind zahlreiche Samen enthalten, sodass eine einzige Pflanze bis zu 1000 Samen bilden kann. Mit dem Wind oder Regen, in Tierfellen oder an Schuhsohlen haftend werden die Samen verbreitet. Sie gelangen auch mit dem Ackerboden oder über Geräte an andere Stellen. Die Samen sind über 30 Jahre lang im Boden keimfähig – meist keimen sie im Frühjahr. Im Herbst gekeimte Sämlinge überdauern den Winter und blühen im kommenden Jahr. Alle Pflanzenteile enthalten reichlich Senföle – darum wurde früher aus den Samen ein Öl gepresst.

Acker-Kratzdistel

Für Landwirte ist die Acker-Kratzdistel ein Unkraut, das nur schwer zu bekämpfen ist, für Schmetterlinge aber eine wertvolle Nahrungspflanze.

NACH 2 WOCHEN

Die Acker-Kratzdistel breitet sich nicht nur über Samen aus, sondern bildet auch neue Pflanzen aus weitläufig kriechenden, waagerechten Wurzelsprossen.
Bei der Bodenbearbeitung oder bei dem Versuch, die Pflanzen mechanisch zu entfernen, brechen leicht Wurzelstücke ab und bleiben im Boden zurück. Nach kurzer Zeit treiben zahlreiche neue Pflanzen aus. Man wird dieses „Unkraut" daher nur schwer wieder los!

FRISCH AUSGETRIEBEN

Schon die jungen Pflänzchen besitzen schmale, längliche, buchtig gezähnte Blätter mit stacheligem Rand. Die bis zu 5 mm langen Blattstacheln sind stechend spitz. In der Landwirtschaft gehört die Acker-Kratzdistel zu den lästigen Unkräutern, in gepflegten, bewirtschafteten Gärten kommt sie eher selten vor, sie breitet sich aber leicht auf unkultivierten Flächen aus.

STECKBRIEF

BOTANISCHER NAME: *Cirsium arvense* (Korbblütengewächse)

LEBENSFORM: mehrjährig

BLÜTEZEIT: Juli bis September

HÖHE: 60 bis 120 cm

VORKOMMEN: verbreitet; auf Feldern, Schuttflächen, an Wegrändern

STANDORT: sonnig bis halbschattig; frischer bis mäßig trockener, nährstoffreicher Boden

DIE WURZELN REICHEN WEIT IN DIE TIEFE UND DURCHBRECHEN AUCH HARTE BODENSCHICHTEN. DIE ART GILT ALS WURZELPIONIER, DER NEUES TERRAIN EROBERT UND BESIEDELT.

ERSTE BLÄTTER MIT LÄNGLICHER FORM

NACH 3 MONATEN

WEITERE STACHELIGE KRATZDISTELN

Größere nektarlose, pollenreiche Blüten besitzt die Gewöhnliche Kratzdistel (*C. vulgare*), die ebenfalls von vielen Hummeln und anderen Insekten besucht wird. Sie sieht ansonsten der Acker-Kratzdistel ähnlich und kann ebenfalls auf Wiesen und Weiden sehr lästig werden.

NACH 3 MONATEN

Die Acker-Kratzdistel ist eine stattliche Staude. Die stachellosen, glatten, aufrechten Stängel verzweigen sich und tragen wechselständig schmale, stachelige, oft etwas gewellte Laubblätter mit fiederspaltigem, manchmal auch glattem Rand. Die jungen Blätter haben ein mildes Aroma und sind nach dem Entfernen der Stacheln als Wildsalat essbar.

An den Enden der Stängel, die im oberen Bereich häufig blattlos sind, bilden sich dicht beieinander mehrere violette Blütenknospen in lockeren Rispen. Die Knospen entfalten sich zu 1 bis 2 cm großen, blassrosa bis lilafarbenen Blütenkörbchen, die aus etwa 100 überaus nektar- und pollenreichen einzelnen Röhrenblüten bestehen. Die Blüten verströmen einen intensiven Honigduft. Da der Nektar sehr zuckerhaltig und zudem leicht zugänglich ist, besuchen nicht nur viele Schmetterlinge, Honig- und Wildbienen sowie Hummeln die Blüten, sondern auch Schwebfliegen und andere Insekten. Fliegen aufgrund von schlechten Wetterlagen keine Insekten, können sich die Blüten aber auch selbst bestäuben. Aus den bestäubten Blüten entwickeln sich ab August sogenannte Achänenfrüchte, die einen Schirm aus Flughaaren (Pappus) tragen. Mit dem Wind können sie bis zu 10 km weit transportiert werden – im Boden bleiben sie jahrzehntelang keimfähig. An einer Pflanze befinden sich gleichzeitig Blütenknospen, geöffnete Blüten und Fruchtstände. Finken, vor allem Distelfinken (Stieglitze) ernähren sich gern von den Distelfrüchten.

Acker-Schachtelhalm

Mit seinen tief in den Boden reichenden Rhizomen kann der heilkräftige Acker-Schachtelhalm im Garten lästig werden.

NACH 4 WOCHEN
Sobald die Sporen reif sind, werden sie aus den Sporenständen entlassen – danach stirbt dieser bräunliche Sporentrieb ab. Die unfruchtbaren Sommertriebe erscheinen nach den Sporentrieben. Sie sind grün, da sie Chlorophyll (Blattgrün) enthalten und Fotosynthese betreiben. Typisch sind die Quirle aus grünen Seitensprossen, die dem Sommertrieb nach dem Entfalten ein tannenwedelähnliches Aussehen geben.

FRISCH AUSGETRIEBEN
Das Erste, was man vom Acker-Schachtelhalm sieht, sind die blassbraunen, unverzweigten, fruchtbaren Sporentriebe (rechts) im März/April. An den Enden der bis zu 25 cm hohen Sporentriebe stehen die ährenförmigen Sporenstände, in denen die Sporen zur generativen Vermehrung gebildet werden. Jetzt entfernen, bevor die Sporen entlassen werden.

STECKBRIEF

BOTANISCHER NAME: *Equisetum arvense* (Schachtelhalmgewächse)

LEBENSFORM: mehrjährig

BLÜTEZEIT: März bis April (Sporentrieb)

HÖHE: 20 bis 40 cm

VORKOMMEN: verbreitet; auf Wiesen, Feldern, an Böschungen, in Gärten mit staunassem Boden, der zum Verdichten neigt

STANDORT: sonnig; feuchter, nährstoffreicher Boden

WEGEN DES HOHEN GEHALTS AN KIESELSÄURE WURDE ACKER-SCHACHTELHALM (NAME: ZINNKRAUT) FRÜHER ZUM PUTZEN VON ZINNGESCHIRR VERWENDET.

NACH 2 MONATEN

JAUCHE AUS ACKER-SCHACHTELHALM

Geben Sie 1 kg frische grüne oder 150 g getrocknete Triebe des Acker-Schachtelhalms (keine andere Art verwenden!) in 10 Liter Wasser, Gefäß mit engmaschigem Draht abdecken und täglich umrühren. Wenn sich nach zwei bis drei Wochen kein Schaum mehr bildet, ist die Jauche fertig. Triebe entfernen und 1:5 mit Wasser verdünnt morgens auf die Pflanzen spritzen.

NACH 2 MONATEN

Der Acker-Schachtelhalm vermehrt sich vor allem über Wurzelausläufer, die sich weit verzweigen und von Mai bis Herbst vegetative Sommertriebe (grüne Laubsprosse) bilden. Diese Triebe bestehen aus vielen ineinandergeschobenen Segmenten, in deren Ende jeweils ein Quirl aus vielen kurzen, unverzweigten Seitensprossen steht. Diese Seitensprosse werden von unten nach oben immer kürzer. Zugegeben, der Acker-Schachtelhalm kann ziemlich lästig werden, weil er unermüdlich jedes Jahr neu austreibt. Entfernen Sie konsequent jeden Sporen- und Sommertrieb. Auch regelmäßiges Ausstreuen von Gartenkalk soll helfen oder gründliches, fortlaufendes Hacken des Bodens mit der Pendelhacke. Zum Glück ist der Acker-Schachtelhalm aber auch nützlich: Aus den grünen Sommertrieben der alten Heilpflanze, die von Juni bis August geerntet werden, wurde früher ein blutreinigender und harntreibender Tee zubereitet, der auch zur Durchspülung bei Blasenentzündungen und Nierengrieß geeignet war. Äußerlich hilft Acker-Schachtelhalm bei schlecht heilenden Wunden, Durchblutungsstörungen, Frostschäden und rheumatischen Beschwerden. Wichtig: Verwenden Sie nur Acker-Schachtelhalm! Verwandte Arten, z. B. der Sumpf-Schachtelhalm, sind giftig!
Aus Acker-Schachtelhalm lässt sich auch eine Pflanzenjauche herstellen, die verschiedenen Pilzkrankheiten vorbeugt, etwa bei Rosen, Erdbeeren, Kernobst und Tomaten. Acker-Schachtelhalm-Brühe erhöht auch die Widerstandskraft von Obstgehölzen.

Ampfer

Der Stumpfblättrige Ampfer gilt inzwischen als Unkraut, früher wurde er als essbare und heilende Pflanze geschätzt.

NACH 6 WOCHEN
Den Stumpfblättrigen Ampfer erkennen Sie an den bis zu 25 cm langen, breiten, eiförmigen unteren Laubblättern mit deutlich herzförmigem Grund, die eine Blattrosette bilden. Das fast furchenlose Blatt läuft in einer stumpfen, namengebenden Blattspitze aus, es steht am langen Blattstiel. Die Blattränder sind leicht kurvig oder gewellt. Die Blätter schmecken nicht sauer wie die des Sauer-Ampfers.

FRISCH GEKEIMT
Eine einzige Pflanze produziert bis zu 7000 winzige Samen, die bis zu 50 Jahre lang keimfähig sind. Die beiden gestielten Keimblätter von lanzettlicher Form werden 2 bis 2,5 cm lang. Dann erscheinen die ersten, ebenfalls gestielten Laubblätter: Sie sind breit, eiförmig und lassen schon den herzförmigen Grund erkennen. Entfernen Sie jetzt die Sämlinge und verwenden Sie die jungen Blätter als Gemüse

STECKBRIEF

BOTANISCHER NAME: *Rumex obtusifolius* (Knöterichgewächse)
LEBENSFORM: mehrjährig
BLÜTEZEIT: Juni bis August
HÖHE: 30 bis 150 cm
VORKOMMEN: verbreitet; auf feuchten Wiesen, Weiden, Feldern, brachliegenden Flächen, an Straßenrändern, Gräben, Ufern
STANDORT: sonnig bis halbschattig: feuchter, nährstoffreicher Boden

NACH 14 WOCHEN

WEGEN DER ENTHALTENEN OXALATE WIRD DER AMPFER NUR VON SCHAFEN UND ZIEGEN GEFRESSEN, NICHT ABER VON RINDERN UND PFERDEN.

WEITERE ARTEN

Im Garten kann sich auch der Krause Ampfer (*R. crispus*) mit großen, am Blattrand gewellten Blättern auf Beeten und Rabatten ausbreiten. Der Wiesen-Sauerampfer (*R. acetosa*) wird bis zu 1 m hoch und kommt vor allem auf Wiesen vor, die mit Gülle gedüngt werden. Wenn Ampfer lästig werden, müssen Sie die Wurzeln so tief wie möglich im Boden ausstechen. Dazu gibt es spezielle Ampferstecher im Handel.

NACH 14 WOCHEN

Am Frühjahrsende erheben sich über den Blättern die langen Blütenstängel. Sie tragen bis zur Spitze wechselständig kleinere, kurz gestielte, schmale, längliche Stängelblätter. Am Ende des Blütenstängels sowie in den Achseln der Stängelblätter bilden sich rispige Blütenstände aus unzähligen kleinen, unscheinbaren Blütchen aus, die in Scheinquirlen beisammenstehen. Die Blüten werden vom Wind bestäubt, sie können sich nicht selbst bestäuben. Schließlich entwickeln sich aus den Blüten kleine, dreikantige, spitz eiförmige Nussfrüchte, die vom Wind, aber auch von Regen und Wasser verbreitet und von Finken und anderen Vögeln gern gefressen werden. An der Farbe erkennen Sie den Zustand: Der Blütenstand ist grünlich, der Fruchtstand zuletzt leuchtend rot.

Der Stumpfblättrige Ampfer wurzelt sehr tief. Sein großer, stark verzweigter Wurzelstock reicht bis zu 2 m in den Boden. So kommt er auch auf verfestigten, schweren Böden zurecht. Er ist zudem eine Zeigerpflanze für stickstoff- und güllehaltige Böden. In den Garten gelangt der Stumpfblättrige Ampfer häufig mit Mulchmaterialien und breitet sich dann auf Beeten und Rabatten aus.

Die Blätter sind eine wichtige Futterpflanze verschiedener Schmetterlingsraupen, etwa vom Großen und Kleinen Feuerfalter. Alle Pflanzenteile enthalten verschiedene Oxalate, die schwach giftig sind. In großen Mengen aufgenommen, führen sie zu Erbrechen, Durchfall und Koliken. Sie können aber einzelne junge Blätter ernten und sparsam als Salatbeigabe verwenden oder besser im gekochten Zustand als spinatähnliches Gemüse verspeisen. In der Volksmedizin wird die Wurzel bei Verstopfung, die Früchte bei Durchfall eingesetzt.

Berg-Flockenblume

Die hübsche Staude, die sich leicht im Garten ausbreitet und auch über den Gartenzaun hinweg verwildert, ist eine beliebte Bienenweide.

NACH 2 WOCHEN

Berg-Flockenblumen bilden gern dichte Bestände, die von Jahr zu Jahr größer werden. Sie breiten sich nicht nur über Samen, sondern auch über ihren gewundenen Wurzelstock aus. Die graufilzige Behaarung lässt bei älteren Blättern nach, die breit ovalen bis lanzettlichen, ganzrandigen Blätter laufen flügelartig am Stängel herab. Sie stehen wechselständig am Stängel und zeigen schräg nach oben.

FRISCH AUSGETRIEBEN

Im Frühling erscheinen die ersten länglichen, spitz zulaufenden Blätter der Berg-Flockenblume, die Sie leicht an der grauweißen, spinnennetzartigen Behaarung und dem breiten, weißen Hauptnerv erkennen. Berg-Flockenblumen säen sich leicht von selbst aus, dann tauchen die kleinen Sämlinge überall im Garten auf. Diese hübschen Blumen stammen ursprünglich aus den mittel- und südeuropäischen Gebirgen.

STECKBRIEF

BOTANISCHER NAME: *Centaurea montana* (Korbblütengewächse)

LEBENSFORM: mehrjährig

BLÜTEZEIT: Mai bis Oktober

HÖHE: 30 bis 60 cm

VORKOMMEN: auf felsigen Hängen, Bergwiesen, in Bergwäldern, gelegentlich aus Gärten verwildert

STANDORT: sonnig, auch halbschattig; frischer, nährstoffreicher Boden

NACH 6 WOCHEN

DIE BLÜTENSTIELE KÖNNEN SIE AUCH ALS SCHNITTBLUMEN IN DER VASE VERWENDEN, SIE SIND LANGE HALTBAR.

SORTENVIELFALT FÜR DEN GARTEN

Von der anspruchslosen, winterharten Berg-Flockenblume gibt es im Gartenhandel verschiedene Sorten mit weißen, rosa, blauen und violetten Blüten. Ähnlich hübsch und ökologisch wertvoll sind die heimische Wiesen-Flockenblume (*C. jacea*) und die Skabiosen-Flockenblume (*C. scabiosa*) sowie die einjährige zierliche Kornblume (*C. cyanus*).

NACH 6 WOCHEN

Unermüdlich blüht die Berg-Flockenblume von Mai bis Herbst, selbst an halbschattigen Plätzen. Die schmalen, hohen, violettblauen Blüten bestehen aus nektarreichen, pollenhaltigen Röhrenblüten, die von einem Kranz unfruchtbarer, trichterförmiger Blüten mit filigranen Zipfeln umgeben sind. Diese locken bestäubende Insekten an. Wenn Sie Abgeblühtes stehen lassen, finden Stieglitze und andere Vögel reichlich Samennahrung.

Die gerbstoffreichen Pflanzen wurden früher als Heilpflanzen eingesetzt. Ein Tee aus dem blühenden Kraut (1 Esslöffel pro Tasse, 10 Minuten ziehen lassen) wirkt appetitanregend und verdauungsfördernd. Gurgeln mit dem Tee lindert einen rauen Hals.

Die hübschen Blüten sind essbar – sie dekorieren Desserts, Kuchen und Salate und sind wegen ihres zarten Geschmacks und der blauen Farbe in manchen Teemischungen enthalten.

Brennnessel

Brennnesseln bilden auf stickstoffreichem Boden größere Bestände, die sich rasch ausbreiten können. Im Zaum halten!

FRISCH AUSGETRIEBEN

Schon Sämlinge und frisch austreibende, essbare Brennnesseln sind unverkennbar: Die Stängel und schmal eiförmigen, spitz zulaufenden, am Grund herzförmigen Blätter mit dem gesägten Blattrand, sind mit kurzen Borsten- und langen Brennhaaren besetzt. Die Brennhaare brechen bei Berührung ab und injizieren eine brennende, histaminhaltige Substanz in die Haut. Jetzt schon teilweise entfernen!

NACH 3 WOCHEN

Wegen der unterirdischen, stark verzweigten und weitläufigen Ausläufer bildet die Große Brennnessel leicht größere, dichte Bestände, die nur schwer in Griff zu bekommen sind. Regelmäßiges Mähen schwächt die Pflanze. Verzichten Sie auf stickstoffhaltigen Dünger. Am besten: Ernten Sie fortlaufend die obersten Blätter für Tee und als Gemüse, dabei Handschuhe tragen!

Die jungen Triebspitzen und Blätter enthalten reichlich Vitamine und Mineralstoffe und schmecken als Wildsalat oder spinatähnliches Gemüse, in Quiche, Omelett, Pfannkuchen, Reisgerichten, Soßen und Suppen. Die Brennhaare werden beim Kochen und Trocknen zerstört oder wenn Sie die Blätter unter fließendes Wasser halten. Brennnesseln sind alte Heilpflanzen: Wegen des hohen Gehalts an Vitamin C (300 mg pro 100 g Brennnessel) stärken sie als Smoothie oder Frischpflanzenpresssaft die Abwehrkräfte und vitalisieren bei Frühjahrsmüdigkeit. Bei Blasen- und Nierenleiden spült ein harntreibender Tee (1 bis 2 Teelöffel Blätter pro Tasse, 5 bis 10 Minuten ziehen lassen) Nieren und Blase durch. Er lindert auch Rheumatismus, reinigt das Blut und spült Giftstoffe aus dem Körper. Einige Inhaltsstoffe wirken antibakteriell, daher waren früher in Brennnesselblättern aufbewahrte Butter, Fisch und Fleisch länger haltbar.

ÖKOLOGISCH WERTVOLL

Lassen Sie in einer abgelegenen Gartenecke Brennnesseln gedeihen. Diese heimische Wildpflanze ist eine der wichtigsten Futterpflanzen für Schmetterlingsraupen. Die Raupen von über 35 verschiedenen Arten, darunter die von Tagpfauenauge, Kleiner Fuchs, Distelfalter, Admiral und C-Falter, ernähren sich nur von den eiweißreichen Brennnesselblättern. Auch Nesselwanzen, Käfer, Heuschrecken und andere Insekten fressen die nahrhaften Blätter.

UM BRENNNESSELN AM STARKEN AUSBREITEN ZU HINDERN, SOLLTEN SIE SIE IN EINEM IN DER ERDE VERSENKTEN KÜBEL KULTIVIEREN – KÜBELKULTUR GEHT AUCH AUF BALKON UND TERRASSE.

NACH 3 MONATEN

Der Artname *dioica* (= zweihäusig) weist darauf hin, dass die Brennnessel getrenntgeschlechtlich ist: Es gibt weibliche und männliche Pflanzen. Die männlichen Pflanzen (siehe Foto) tragen pollenreiche Blütenstände, die waagerecht abstehen. Die weiblichen Pflanzen bilden hängende Blütenstände, aus denen sich im Herbst dichte Fruchtstände mit rund 20 000 Nussfrüchten entwickeln.

Um das Aussamen einzudämmen, ernten Sie einfach die Nussfrüchte: Die winzigen Samen schmecken roh oder knusprig in etwas Fett geröstet zu Salaten, in Müsli und auch auf Butterbrot.

STECKBRIEF

BOTANISCHER NAME: *Urtica dioica* (Brennnesselgewächse)

LEBENSFORM: mehrjährig

BLÜTEZEIT: Juli bis Oktober

HÖHE: 30 bis 150 cm

VORKOMMEN: verbreitet; an Wegen, Waldrändern, Gräben, in Siedlungen, Gärten, auf Schuttplätzen

STANDORT: sonnig bis halbschattig; feuchter, nährstoffreicher Boden mit hohem Humus- und Lehmanteil

Echtes Labkraut

Diese hübsche alte Heilpflanze verdankt ihren Namen einem Inhaltsstoff, der Milch gerinnen und zu Käse verarbeiten lässt.

FRISCH AUSGETRIEBEN

Im Frühjahr treiben aus der kräftigen, langen und stark verzweigten Hauptwurzel und den Ausläufern die neuen Triebe aus. Die festen, stumpfkantigen Stängel stehen aufrecht und verzweigen sich schon bald. Die nadelartigen Blätter, die zu je acht bis zwölf im Wirtel den Stängel umgeben, sind eine Anpassung an die trockenen Standorte, an denen das Echte Labkraut natürlicherweise vorkommt.

NACH 3 WOCHEN

Immer höher erheben sich die beblätterten Triebe, mit deren Hilfe das Echte Labkraut auch an anderen Pflanzen emporranken kann. Sie können zusammen mit den schmalen, bis zu 2,5 cm langen wirteligen Blättern im April/Mai gepflückt und zerhackt wie Spinat als Wildgemüse zubereitet werden.

STECKBRIEF

BOTANISCHER NAME: *Galium verum* (Rötegewächse)

LEBENSFORM: mehrjährig

BLÜTEZEIT: Juni bis September

HÖHE: 30 bis 60 cm

VORKOMMEN: häufig; magere Wiesen, Böschungen, Gebüschränder

STANDORT: vollsonnig bis halbschattig; mäßig trockener, nährstoffarmer Boden

DIE BLÜTEN FÄRBEN NATURFASERN IN GELBEN TÖNEN.

NACH 3 MONATEN

LABKRAUT-VERWANDTE

Das heimische Wiesen-Labkraut (*G. mollugo*) ist dem Echten Labkraut ähnlich – seine Blätter sind etwas breiter und die kleinen Blüten sind weiß, zudem bevorzugt es nährstoffreichere Plätze. Auch dieses Labkraut wurde früher für die Herstellung von Käse verwendet. Ein weiteres Labkraut im Garten ist das Kletten-Labkraut (*G. aparine*, siehe Seite 46).

NACH 3 MONATEN

Wenn das Echte Labkraut blüht, duftet es intensiv nach Honig. Die zitronen- bis goldgelben, nur 3 mm breiten, vierzipfeligen Blütenkronen stehen dicht an dicht in Rispen an den Stängelenden. Die nektarreichen, pollenhaltigen Blüten bieten reichlich Nahrung für verschiedene Wildbienen, aber auch Fliegen gehören zu den Blütenbesuchern. Von den Blättern ernähren sich zahlreiche Nachtfalterraupen, darunter auch die des Kleinen Weinschwärmers.

Die zweiteiligen Spaltfrüchte bestehen aus runden, kahlen und glatten Teilfrüchtchen, die Sie leicht am Naturstandort sammeln und im Garten aussäen können. Mit den aromatischen gelben Blüten können Limonade, Sirup und Sommerbowle geschmacklich aufgewertet werden. Die blühenden Triebe ergeben auch hübsche Blumensträuße, etwa mit Rosen oder anderen großblütigen Sommerblumen – und ihr Duft soll beruhigend wirken.

Aus dem blühenden, flavonoidhaltigen Kraut wird in der Volksmedizin ein harntreibender, krampflösender Tee gekocht, der bei Harnwegsinfektionen Niere und Blase spült und der äußerlich auch bei geschwollenen Knöcheln, Hautleiden und Wunden verabreicht werden kann.

Das Echte Labkraut enthält ein Protein, das dem Lab-Enzym im Kälbermagen ähnlich ist – darum wurde früher das frische Kraut bei der Käseherstellung eingesetzt. Und in den Wurzeln ist ein roter Farbstoff enthalten, mit dem früher Wolle und Stoffe gefärbt wurden – die Blüten färben Naturfasern in gelben Tönen.

Das Echte Labkraut kann sich dank ober- und unterirdischer Ausläufer stark ausbreiten – mit einer Wurzelsperre können Sie es besser unter Kontrolle halten.

Ferkelkraut

Diese heimische löwenzahnähnliche Wildpflanze mit der bodenständigen Blattrosette kann als Rasenunkraut ganz schön lästig werden.

NACH 3 WOCHEN

Das Ferkelkraut bildet nur eine bodenständige Blattrosette, in der die länglichen Laubblätter mit abgerundeten Zähnen dicht am Boden angedrückt sind. Dabei können die Blätter oberseits auch kahl sein, während die Unterseite borstig behaart und bläulich bereift ist. Entfernen Sie die Pflanze samt Wurzel! Junge Blätter, im April/Mai geerntet, sind knackig mit mildem Salatgeschmack.

FRISCH AUSGETRIEBEN

Im Frühjahr treiben bodennah die länglichen Blätter mit dem buchtig gezähnten Blattrand, der manchmal auch ganzrandig ist, aus der Pfahlwurzel aus, die den Winter über im Boden überdauert hat. Sowohl die Ober- als auch die Unterseite der Blätter ist meist mit borstigen Haaren besetzt. Aus Rasenflächen mit dem Unkrautstecher die Jungpflanzen mit der Pfahlwurzel entfernen!

STECKBRIEF

BOTANISCHER NAME: *Hypochaeris radicata* (Korbblütengewächse)

LEBENSFORM: mehrjährig

BLÜTEZEIT: Juni bis September

HÖHE: 15 bis 60 cm

VORKOMMEN: verbreitet; auf Wiesen, Weiden, Rasen, in Parks und Gärten

STANDORT: sonnig; trockener bis mäßig trockener, eher sandiger, magerer Boden

NACH 3 MONATEN

FRÜHER WURDE DAS FERKELKRAUT VERMUTLICH AN FERKEL VERFÜTTERT ODER WUCHS AUF SCHWEINEWEIDEN.

NICHT VERWECHSELN!

Auch der auf Rasenflächen unbeliebte, aber essbare Herbst-Löwenzahn (*Leontodon autumnalis*) bildet eine Blattrosette aus und trägt am Stängel schuppenförmige Blätter. Um die beiden Arten voneinander zu unterscheiden, achten Sie auf die Blätter: Die vom Ferkelkraut sind behaart, während die vom Herbst-Löwenzahn meist kahl sind. Das wichtigste Unterscheidungsmerkmal sind die Spreublätter, die am Grund jeder Einzelblüte sitzen.

NACH 3 MONATEN

Ab Mai erheben sich die langen blaugrünen Blütenstiele aus der Blattrosette. Sie sind im unteren Bereich mit steifen Haaren besetzt, im oberen kahl, tragen nur kleine schuppenförmige Blättchen und verzweigen sich nicht oder nur wenig. An den Stängelenden öffnen sich die 2 bis 3 cm breiten essbaren Körbchenblüten, die nur aus etwa 100 gelben Zungenblüten bestehen. Typisch sind der flache Köpfchenboden mit den sich leicht ablösenden Spreublättern, die nach dem Herauszupfen der Zungenblüten zurückbleiben. Da es bei uns zahlreiche Wildpflanzen mit gelben Zungenblüten gibt (verschiedene Löwenzähne, Habichtskraut, Pippau, Gänsedistel etc.), achten Sie zur Unterscheidung auf die anderen Merkmale. Vor allem Bienen, aber auch andere Insekten besuchen die Blüten, die nur an sonnigen Tagen geöffnet sind.
Nach der Bestäubung bildet sich ein pusteblumenähnlicher Fruchtstand mit vielen kleinen Nussfrüchten. Jede dieser lang geschnäbelten Nussfrüchte trägt einen Kranz aus gefiederten Haaren (*Pappus*), die vom Wind erfasst werden und die Früchte verbreiten. Wenn Sie regelmäßig und sorgfältig abgeblühte Körbchenblüten entfernen, unterbinden Sie die Samenbildung und die weitere Ausbreitung dieser Pflanze.
Wie der Löwenzahn enthält auch das Ferkelkraut Milchsaft, der aus Verletzungen und Wunden austritt.
Das Ferkelkraut wurzelt tief im Boden. Auch die Wurzeln sind als Gemüse essbar oder ergeben nach Trocknen und Rösten einen Kaffee-Ersatz.

Fingerhut

Im Wald bildet der heimische Rote Fingerhut große Bestände, im Garten macht er sich besonders gut vor Gehölzgruppen.

STECKBRIEF

BOTANISCHER NAME: *Digitalis purpurea* (Braunwurzgewächse)

LEBENSFORM: zweijährig

BLÜTEZEIT: Juni bis August

HÖHE: 40 bis 150 cm

VORKOMMEN: zerstreut, an Waldwegen und -lichtungen, in Gärten

STANDORT: sonnig bis halbschattig, bevorzugt auf frischem, humosem, magnesiumreichem Boden

FRISCH GEKEIMT

NACH 2 MONATEN

FRISCH GEKEIMT

Wer Roten Fingerhut in seinem Garten hat, kann im Folgejahr mit vielen Fingerhutsämlingen rechnen. Denn diese Wildpflanze sät sich sehr willig aus und kann mitunter sogar lästig werden. Wie bei allen Zweijährigen keimen im ersten Jahr die kleinen Samen. Dann erscheinen die zunächst kleinen, eiförmigen, runzligen Blätter, die ober- und unterseits flaumig behaart sind. Sie bilden eine Blattrosette am Boden. Wenn die Sämlinge so dicht stehen, sollten Sie sie unbedingt ausdünnen, damit die im zweiten Jahr ausladenden Pflanzen genügend Abstand haben. Wenn die Blattrosette einen Durchmesser von mehr als 5 cm hat, können Sie die Sämlinge auch an andere Stellen verpflanzen. Überzählige Sämlinge werden entfernt, danach Hände waschen, sehr giftige Pflanze!

NACH 2 MONATEN

Die bis zu 20 cm langen, runzligen Laubblätter bilden auch im zweiten Jahr eine grundständige Blattrosette. Sie stehen spiralig und jedes Blatt hat zum Folgeblatt einen Abstand von 144 Grad, sodass das sechste Blatt über dem ersten steht. Die lang gestielten, eiförmigen Blätter mit kerbig gesägtem Rand laufen spitz zu, oberseits dunkelgrün, unterseits graufilzig behaart.

NACH 15 MONATEN

FAMILIEN MIT KLEINEN KINDERN SOLLTEN AUF DIESE PFLANZE IM GARTEN VERZICHTEN!

NACH 15 MONATEN

Im zweiten Jahr treibt der unverzweigte, beblätterte Blütenstängel aus. In dem traubigen Blütenstand zeigen die über 100 hell- oder dunkelkarminroten, manchmal auch weißen nickenden Glockenblüten in eine Richtung. Die außen kahlen Blüten besitzen innen lange Haare, die zahlreichen dunklen Flecken mit dem hellen Rand täuschen Staubblätter vor und locken vor allem Hummeln an. Da die Blüten sehr nektarreich und pollenhaltig sind, ist der Fingerhut nicht nur eine attraktive Zierpflanze, sondern auch ökologisch wertvoll. Manchmal treibt der Fingerhut auch im dritten und weiteren Jahren aus der Bodenrosette erneut aus. Der Rote Fingerhut ist eine der bekanntesten heimischen Heilpflanzen, deren Inhaltsstoffe (Herzglykoside) in herzwirksamen Präparaten enthalten sind. Sie kräftigen den Herzmuskel, beeinflussen den Herzschlag und verbessern die Herztätigkeit. Fingerhut darf nur in Präparaten verwendet werden und nicht in der Selbstmedikation, da er schon in geringen Mengen tödlich giftig ist!

GIFTPFLANZE!

Vor allem die Blätter enthalten eine hohe Konzentration an hochgiftigen Digitalis-Glykosiden, die wegen ihrer Wirkung auf das menschliche Herz auch Herzglykoside genannt werden. Schon der Genuss von 2,5 g Blättern kann tödlich sein. Die Beschwerden beginnen mit Übelkeit und Erbrechen, es folgen Sehstörungen und stark sinkende Pulsfrequenz, Herzrhythmusstörungen. Herzstillstand führt schließlich zum Tod.

Gänseblümchen

Gänseblümchen öffnen das ganze Jahr über ihre hübschen Blüten auf den Rasenflächen, sogar mitten im Winter.

NACH 2 WOCHEN
Die lang gestielten, ganzrandigen oder fransig gezähnten Laubblätter stehen in einer dichten Rosette am Boden zusammen, die auch im Winter grün ist. Je nach Witterung, bilden sich vor allem von März bis zum Winteranfang unermüdlich neue Blütenknospen. Freuen Sie sich, wenn diese hübschen heimischen Wildblumen auf Ihrem Rasen gedeihen – sie werden nicht lästig. Die geschmacklich dem Feldsalat ähnlichen Blätter passen in Wildkräutersalate.

FRISCH AUSGETRIEBEN
Schon die Sämlinge besitzen spatel- bis länglich eiförmige, ganzrandige, leicht behaarte Blätter an langen, ebenfalls leicht behaarten Blattstielen. Dort, wo Gänseblümchen wachsen, ist der Boden nährstoffreich – zudem zeigen sie verdichteten Boden an. Gänseblümchen kommen mit häufigen Zurückschnitten gut zurecht und breiten sich auf gemähten Grasflächen aus.

STECKBRIEF

BOTANISCHER NAME: *Bellis perennis* (Korbblütengewächse)

LEBENSFORM: mehrjährig

BLÜTEZEIT: Januar bis Dezember

HÖHE: 5 bis 15 cm

VORKOMMEN: verbreitet; auf Wiesen, Weiden, gemähten Flächen in Gärten und Parks

STANDORT: sonnig; frischer, nährstoffreicher Boden

PFLÜCKEN SIE GÄNSEBLÜMCHEN NUR AN SAUBEREN PLÄTZEN, FERN VON STRASSEN UND GASSIGEH-ROUTEN.

NACH 6 WOCHEN

GUT FÜR DIE HAUT

Gänseblümchen enthalten auch verschiedene Substanzen, die Schmerzen und Juckreiz lindern. Dazu zerreiben Sie einfach ein paar Blätter zwischen den Fingern, bis der Saft austritt. Diesen tragen Sie direkt auf kleine Wunden und Insektenstiche auf; hilft auch bei Blutergüssen und blauen Flecken. Mit Gänseblümchentee getränkte Umschläge lindern Zerrungen und Verstauchungen.

NACH 6 WOCHEN

Über der grundständigen Blattrosette erheben sich die Blüten, die jeweils einzeln an den Enden eines Blütenstiels stehen. Jedes der 1,5 bis 3,5 cm großen Blütenkörbchen besteht aus gelben Röhrenblüten im Zentrum, die von weißen oder rosa (bei Zuchtsorten auch roten) Zungenblüten umgeben sind. Sie sind nur an schönen, trockenen Tagen geöffnet, bei Regen und über Nacht schließen sie sich. Da die Blüten zwar nur sparsam Nektar und Pollen anbieten, dafür aber auch in blütenarmen Zeiten wie im zeitigen Frühjahr oder ausgehenden Herbst noch geöffnet sind, gehört das Gänseblümchen doch zu den guten Insektenweidepflanzen für Bienen, Hummeln, Fliegen und Schwebfliegen. Die Blüten sind essbar und schmecken mit ihrem fruchtigen Nussaroma gut in Salaten, Quarkspeisen und Gemüsegerichten oder auch einfach auf einem Butterbrot. Sie sind auch eine hübsche Dekoration für Käseplatten und Co. Die geschlossenen Blütenknospen können Sie wie Kapern einlegen.

Die kleinen Nussfrüchte, die sich nach dem Abblühen aus den Blüten entwickeln, werden vom Wind oder über Menschensohlen und Tierfüße, an denen sie haften bleiben, verbreitet. So besiedelt das Gänseblümchen auch neue Flächen und Nachbarsgärten.

Gänseblümchenkraut und -blüten enthalten Saponine, Flavonoide, Schleim-, Gerb- und Bitterstoffe, die frisch oder als Tee genossen den Stoffwechsel anregen und verschleimten Husten lösen.

Glockenblume

Diese reichblütigen Stauden in Weiß, Rosa, Violett und Blau gehören zu den schönsten heimischen Wildblumen im Garten.

NACH 2 WOCHEN

An Plätzen im Garten, die im Sommer schön warm sind, wie zwischen sich aufwärmenden Steinen, fühlt sich diese Glockenblume mit den langen, schmalen, verkehrteiförmigen, wechselständigen Blättern besonders wohl. In diesem Zustand können Sie die austreibenden Jungpflanzen auch gut teilen, an andere nährstoffreiche Stellen (im Staudenbeet oder vor Gehölzen) verpflanzen oder mit Nachbarn tauschen.

FRISCH AUSGETRIEBEN

Die austreibenden Pfirsichblättrigen Glockenblumen erkennen Sie an den schmalen, derben, oberseits dunkelgrünen unteren Laubblättern, die sitzend am Stängel stehen. Dabei bilden die unteren Laubblätter einen lockeren Schopf, aus dem sich später die langen Blütenstiele schieben. Da sie sich gerne selbst aussäen, tauchen im Garten viele Sämlinge auf – stehen lassen!

STECKBRIEF

BOTANISCHER NAME: *Campanula persicifolia* (Glockenblumengewächse)

LEBENSFORM: mehrjährig

BLÜTEZEIT: Juni bis September

HÖHE: 30 bis 80 cm

VORKOMMEN: ziemlich häufig; auf Wiesen, Weiden, an Weg- und Waldrändern, in Gärten

STANDORT: sonnig bis halbschattig; frischer, nährstoffreicher Boden

NACH 10 WOCHEN

DIE WELT DER GLOCKENBLUMEN

Im Garten gibt es noch mehr Glockenblumenarten, wie die Knäuel-Glockenblume (*C. glomerata*, 30 bis 60 cm, Blüten in Büscheln) oder die aus Südeuropa stammende Breitblättrige Glockenblume (*C. latifolia*, 90 bis 100 cm) und die Rundblättrige Glockenblume (*C. rotundifolia*): Sie bleibt mit Wuchshöhen von nur bis zu 30 cm deutlich niedriger und besitzt zudem herz- bis nierenförmige Blätter.

GLOCKENBLUMEN SIND DANKBARE SCHNITTBLUMEN FÜR DIE VASE.

NACH 10 WOCHEN

Selbst bei schlechtem Wetter öffnen sich über viele Wochen die bis zu 5 cm langen, glockenartigen Blüten, die zu dritt bis acht in Trauben an den langen dünnen, unverzweigten Stängeln mit schmal-linealischen Stängelblättern stehen. Hummeln und verschiedene Bienen, Schmetterlinge, Schwebfliegen und Käfer besuchen die Blüten, um Nektar zu saugen und Pollen zu sammeln. Bei schönem Wetter richten sich die Blüten auf und zeigen sich den Insektenbesuchern, bei schlechtem Wetter hängen sie herab und bieten Insekten einen geschützten Unterschlupf. Nach dem Verblühen reifen die aufrechten Kapselfrüchte heran. Bei einem Windstoß oder Berührung bewegt sich der lange, dünne Stängel und lässt die feinen Samen aus drei Porenöffnungen aus den Kapseln rieseln. Wenn Sie die Selbstaussaat verhindern möchten, sollten Sie regelmäßig Verblühtes abschneiden.

Die Pfirsichblättrige Glockenblume kam schon vor über 300 Jahren als Zierpflanze in unsere Gärten. Seitdem haben sich Züchter dieser Pflanze angenommen und viele verschiedene Sorten in unterschiedlichen Blütenfarben und Füllungen gezüchtet. Ökologisch wertvoll sind allerdings nur die Sorten mit einfachen Blüten, nicht die halb oder ganz gefüllten (sie säen sich auch nicht verlässlich aus).

Aus den essbaren Blättern und Blüten können Sie einen Salat zubereiten, mit den hübschen blauen Blüten auch verschiedene Speisen wie Obstsalate, Gebäck oder Käse dekorieren. Sogar die Wurzel ist roh oder gekocht essbar.

Greiskraut

Fast das ganze Jahr über kann das Gewöhnliche Greis- oder Kreuzkraut blühen und Früchte bilden.

NACH 2 WOCHEN

Die buchtig gelappten bis grob fiederspaltigen, glänzenden Laubblätter mit gezähntem Blattrand sind meist kahl, können im Frühjahr aber auch wie von Spinnenwebfäden überzogen oder weiß wollig behaart sein. Die dicklichen wechselständigen Blätter umfassen den Stängel mit gezähnten Zipfeln am Blattgrund; sie erinnern an Distelblätter, sind aber nicht stachelig.

FRISCH GEKEIMT

Die Samen des Gewöhnlichen Greiskrauts keimen nicht nur dort, wo der Wind die Früchte hingetragen hat, sondern auch dort, wo sie von Ameisen hin verschleppt und liegen gelassen wurden. Die Keimpflanze trägt längliche, buchtig gelappte, kurz gestielte Blätter mit grob gezähnten Abschnitten. Schon kurz nach dem Keimen verzweigt sich die Pflanze und bildet erste Blütenknospen.

STECKBRIEF

BOTANISCHER NAME: *Senecio vulgaris* (Korbblütengewächse)

LEBENSFORM: einjährig

BLÜTEZEIT: Februar bis November

HÖHE: 10 bis 30 cm

VORKOMMEN: verbreitet; auf Feldern, Höfen, Öd- und Schuttflächen, in Gärten, an Wegrändern

STANDORT: hell; lockerer, stickstoffreicher Boden

NACH 5 WOCHEN

AN SONNIGEN PLÄTZEN IST DAS GEWÖHNLICHE GREISKRAUT OFT RÖTLICH GEFÄRBT, DIES STELLT EINE SONNENSCHUTZMASSNAHME DAR.

KREUZKRÄUTER

Das Gewöhnliche Greiskraut unterscheidet sich von anderen Kreuzkräutern durch die geringe Pflanzenhöhe und die nur aus Röhrenblüten zusammengesetzten Blütenkörbchen. Das für Pferde hochgiftige Jakobs-Kreuzkraut (*S. jacobaea*), das Frühlings-Kreuzkraut (*S. vornalis*) sowie das Wald-Kreuzkraut (*S. sylvaticus*) wachsen deutlich höher und besitzen Blütenkörbchen aus gelben Röhren- und Zungenblüten. Das Klebrige Kreuzkraut (*S. viscosus*) ist in allen Teilen klebrig.

NACH 5 WOCHEN

Die etwa 1 cm langen, 0,5 cm breiten Blütenkörbchen befinden sich zu mehreren an den Enden verzweigter Stängel, meist hängen sie nickend herab. Die grünschwarzen äußeren Hüllblätter sind sehr kurz, meist nur Härchen. Die grünen inneren Hüllblätter mit schwarzen Spitzen öffnen sich kaum, zwischen ihnen schieben sich die gelben Röhrenblüten nur wenig hervor. Zungenblüten fehlen in den allermeisten Fällen. Bienen und Schwebfliegen besuchen als Bestäuber die nektar- und pollenhaltigen Blüten, die sich beim Fehlen der Blütengäste aber auch selbst bestäuben können. Aus den Blüten entwickeln sich winzige walzenförmige Nussfrüchte, die an der Spitze weiße Flughaare (Pappus) tragen. Die heranreifenden Fruchtstände erinnern an die Pusteblumen der Löwenzähne. Bei Reife werden sie vom Wind sehr weit fortgeweht, Entfernungen von 40 km sind belegt. Der Name Greiskraut bezieht sich auf diesen weißen Haarkranz, ebenso der geläufige, davon abgewandelte Name Kreuzkraut für die Gattung.

Da im Lauf einer Vegetationsperiode viele Früchte gebildet werden, kann das Gewöhnliche Greiskraut im Garten lästig werden – es lässt sich aber leicht ausreißen oder jäten. Blühende und fruchtende Pflanzen sollten Sie nicht auf den eigenen Kompost geben, damit sie nicht aussamen – entsorgen Sie sie lieber über die Biotonne.

In allen Pflanzenteilen enthält das Gewöhnliche Greiskraut verschiedene Alkaloide, die als Lebergifte gefürchtet sind – es ist genauso giftig wie das Frühlings- sowie das berüchtigte Jakobs-Kreuzkraut.

Guter Heinrich

Einst wuchs der Gute Heinrich auf den stickstoffreichen Böden rund um Bauernhöfe, heute ist dieses Wildgemüse selten geworden.

FRISCH AUSGETRIEBEN

NACH 4 WOCHEN

STECKBRIEF

BOTANISCHER NAME: *Chenopodium bonus-henricus* (Gänsefußgewächse)

LEBENSFORM: mehrjährig

BLÜTEZEIT: Juni bis September

HÖHE: 20 bis 60 cm

VORKOMMEN: zerstreut, in Dörfern, an Wegrändern

STANDORT: sonnig, frischer, nährstoffreicher Boden

FRISCH AUSGETRIEBEN

Im Frühjahr treiben aus der fleischig rübenartigen Pfahlwurzel die Blätter mit der typischen dreieckigen Spießform aus. Manchmal sind die Blattunterseiten mehlig bestäubt und die Blätter können sich etwas klebrig anfühlen. Lassen Sie die Pflänzchen ruhig gedeihen, ausreichend gießen!

NACH 4 WOCHEN

Der winterharte Gute Heinrich mit den bis zu 11 cm langen, ganzrandigen, wechselständigen, unterseits mehlig bestäubten Blättern ist ein pflegeleichtes Küchen- und Würzkraut. Solange die Pflanze noch nicht blüht, können Sie die Blätter ernten und zubereiten. Die jungen, saftigen, Vitamin-C-reichen, eisenhaltigen Blätter ergeben gekocht ein Gemüse oder eine Wildkräutersuppe mit spinatähnlichem Geschmack. Die zarten, etwa 12 cm langen Sprosse können wie Spargel zubereitet oder gedünstet werden, die Blütenstände wie Brokkoli. Sobald die Pflanzen zu blühen beginnen, werden die Blätter bitter und können nicht mehr verwendet werden.

NACH 3 MONATEN

VERWANDTE ARTEN

Unter den Gänsefußgewächsen gibt es viele essbare Arten, dazu gehören auch so bekannte Gemüse wie Mangold, Rote Bete, Spinat und Zuckerrübe. Nah mit dem Guten Heinrich ist der Weiße Gänsefuß (*C. album*, siehe Seite 75) verwandt, der sich durch die weiße mehlige Bestäubung der ganzen Pflanze unterscheidet. Die Melden (*Atriplex*) gehören auch zur Verwandtschaft des Guten Heinrichs, sie haben meist gegenständige Blätter.

DER GUTE HEINRICH BEKAM SEINEN NAMEN VIELLEICHT VOM ALTHOCHDEUTSCHEN HEIMRICH – DAS BEDEUTET: WÄCHST REICH UM DEN HOF.

NACH 3 MONATEN

Der Gute Heinrich liebt einen sonnigen Platz mit sandig-lehmigem Boden und sollte viel und regelmäßig gegossen werden und von Frühjahr bis Spätsommer ausreichend gedüngt werden. Im Frühjahr können Sie die Wurzelstöcke teilen und an einem anderen Platz einpflanzen.

Zur Blütezeit erscheint am Ende des aufrechten, meist unverzweigten Stängels die dichte, pyramidenförmige, oft nickende Blütenrispe mit vielen kurzen Scheinähren, die aus unzähligen kleinen, unscheinbaren Einzelblüten besteht. Die gelblich grünen, drei- bis fünfzipfeligen Blütchen sind genauso geruchlos wie die gesamte Pflanze. Der Wind bestäubt die Blüten, aus denen sich kleine Nussfrüchte entwickeln. Über diese sät sich der Gute Heinrich reichlich selbst aus. Vögel ernähren sich von den Früchten, verschiedene Nachtfalterraupen fressen die Blätter. Aus dem rübenähnlichen, zerkleinerten Wurzelstock wird im Balkan eine Süßspeise hergestellt, die nach Erdnussbutter schmeckt. Früher wurden die gemahlenen Samen dem Mehl zugesetzt, um Brot zu backen. Da die Samen Saponine (Seifenstoffe) enthalten, sollten Sie vor dem Verzehr 24 Stunden lang eingeweicht, abgespült und das Einweichwasser weggegossen werden. Die Blätter werden in der Volksheilkunde eingesetzt, etwa als Breiumschläge bei entzündeter Haut oder Geschwüren. Wolle und andere Naturfasern erhalten beim Färben mit dem Kraut gold-grüne Töne.

Es lohnt sich, dieses alte, leckere Wildgemüse wieder im Garten anzubauen – oft wird es zweijährig kultiviert und nach der Blüte abgeräumt.

Weil der Gute Heinrich früher wild in den Dörfern wuchs, heißt er auch Dorf-Gänsefuß oder Wilder Spinat.

Kleines Habichtskraut

Weil die Enden der unzähligen Zungenblüten an die Schwingen von Habichten erinnern sollen, kam diese Pflanzenfamilie zu ihrem Namen.

NACH 10 TAGEN
Nun sind schon mehr lanzettförmige bis schmal-eiförmige Laubblätter ausgetrieben und bilden bodennah eine grundständige Blattrosette. Deutlich erkennbar sind die langen weißlichen Haare der Blätter, auf die auch der Artname „pilosella“ (von lat. pilosus = behaart) hinweist, sowie die silberfilzige Blattunterseite. Im Zentrum der Rosette bilden sich Blütenstängel.

FRISCH AUSGETRIEBEN
Die ersten kleinen Blätter im Frühjahr zeigen schon typische Merkmale des Kleinen Habichtskrauts oder Mausohr-Habichtskrauts: Sie sehen ein wenig wie fein behaarte Mausohren aus. Wenn sich die Blätter bei trockenem Wetter von beiden Längsseiten her einrollen, sodass die silbrige Unterseite das Licht reflektiert und die dadurch weniger erwärmten Blätter auch weniger Wasser verlieren – dann wissen Sie, dass dies ein Habichtskraut ist.

STECKBRIEF

BOTANISCHER NAME: *Hieracium pilosella* (Korbblütengewächse)

LEBENSFORM: mehrjährig

BLÜTEZEIT: Mai bis Oktober

HÖHE: 5 bis 30 cm

VORKOMMEN: verbreitet auf mageren Wiesen, Trockenrasen, in Heiden, an Wegen in lichten, trockenen Wäldern, in Felsritzen, auch auf häufig gemähten, nährstoffarmen Rasenflächen

STANDORT: sonnig; stickstoffarmer, trockener, gern auch sandiger Boden

NACH 5 WOCHEN

WER AUF EINER SONNIGEN, TROCKENEN, MAGEREN FLÄCHE EINEN NIEDRIGEN BODENDECKER WÜNSCHT, KOMBINIERT DAS KLEINE HABICHTSKRAUT MIT RÖTLICH VIOLETTEM ECHTEM QUENDEL *(THYMUS PULEGIOIDES)*.

VERWANDTE ART

Deutlich höher wird das Orangerote Habichtskraut *(H. aurantiacum)*, das häufig an Straßen- und Wegrändern sowie auf Bahndämmen wächst, seine Heimat liegt bis in 3000 m Höhe der europäischen Gebirge. Auch im Garten ist es eine beliebte Wildstaude, deren orangegelben Blütenkörbchen von Juni bis August weithin leuchten, sie sind nur bei schönem Wetter geöffnet. Die Blüten sind essbar und ökologisch wertvoll.

NACH 5 WOCHEN

Die Milchsaft führenden Blütenstängel erheben sich bis zu 30 cm über den Boden. An ihren Enden entwickelt sich je eine einzige rundlich-längliche Blütenknospe mit kleinen silberfilzigen Hüllblättern. Bei schönem Wetter öffnen sich die gelben, 2 bis 3 cm großen Blütenkörbchen von morgens bis in den Nachmittag hinein. Sie ähneln Löwenzahnblüten, denn auch sie bestehen nur aus Zungenblüten – wesentlicher Unterschied neben den anderen, schon beschriebenen Merkmalen der Pflanze: Das Ende jeder Zungenblüte ist fein gezackt, zudem erscheinen die äußeren der bis zu 64 Zungenblüten mit einem rotorangen Streifen (wegen der besonderen Oberflächengestaltung reflektieren sie UV-Licht). Vor allem Zottelbienen besuchen die Blüten, um Nektar und Pollen zu sammeln. Aus jeder Blute entwickelt sich von Juli bis September ein pusteblumenähnlicher Fruchtstand aus Achänen-Früchten mit haarigem Schirm, mit dessen Hilfe sie vom Wind bis zu 10 km weit verweht werden. Diese Früchte bleiben bei feuchtem Wetter auch im Fell von Tieren hängen und werden so verbreitet. Wollbienen sammeln die Sekrete der klebrigen Drüsenhaare und mischen sie unter die weichen Pflanzenhaare von Woll-Ziest, Pappel-Flugsamen oder Quittenfrüchten, aus denen sie ein Wollpaket formen, in dessen Innere sich die Brutzellen für die Larven befinden. Das Kleine Habichtskraut breitet sich auch vegetativ aus: Wie Erdbeeren bildet es Tochterrosetten an bis zu 30 cm langen, oberirdischen, Blätter tragenden Ausläufer. Dadurch kann diese Wildpflanze auf magerem Boden dichte, wintergrüne Bestände bilden. Freuen Sie sich über diese bodendeckende Pflanze an Stellen, an denen sonst wenig gedeiht. Die winterharte Pflanze wird nicht von Schnecken gefressen.

Kanadische Goldrute

Diese hübsche Goldrutenart kam aus Nordamerika als Zierpflanze nach Europa, heute wird diese sich ausbreitende Bienenweide als problematisch eingestuft.

NACH 3 WOCHEN
Die Kanadische Goldrute neigt aufgrund der unzähligen unterirdischen Ausläufer zur Bildung von zusammenhängenden Pflanzenbeständen, die sich stark ausbreiten können. In einem solchen Bestand wachsen die Pflanzen dicht an dicht – ernten Sie im April/Mai fortlaufend die jungen Triebe oder halten Sie die Pflanzen durch regelmäßiges Mähen im Zaum. Die Blätter schmecken in Salaten, die jungen Triebe ergeben gedünstet ein bohnenähnliches Gemüse.

FRISCH AUSGETRIEBEN
Wie Zungen schieben sich die Blätter der austreibenden Kanadischen Goldrute aus dem Boden. Schon jetzt erkennt man den fast ganzrandigen, gleichmäßig gezähnten Blattrand der schmal lanzettlichen Blätter, die zur Spitze hin am Rand oft rötlich überlaufen sind. Sammeln Sie jetzt schon die ganz jungen zarten Blätter für einen frühlingshaften Wildkräutersalat.

STECKBRIEF

BOTANISCHER NAME: *Solidago canadensis* (Korbblütengewächse)

LEBENSFORM: mehrjährig

BLÜTEZEIT: August bis Oktober

HÖHE: 50 bis 250 cm

VORKOMMEN: in Gärten, Parks, häufig verwildert auf städtischen Öd- und Schuttflächen, Eisenbahnschotter, auch am Ufer und in Auen

STANDORT: sonnig; frischer, nährstoffreicher Boden

IN DER SCHWEIZ STEHEN DIE KANADISCHE UND DIE RIESEN-GOLDRUTE (S. GIGANTEA) AUF DER SCHWARZEN LISTE UND DÜRFEN NICHT MEHR IN PRIVATGÄRTEN GEPFLANZT WERDEN.

NACH 5 MONATEN

HEIMISCH: ECHTE GOLDRUTE

Die Echte Goldrute (*S. virgaurea*) ist die einzige heimische *Solidago*-Art, die auf trockenen Wiesen, Böschungen, felsigen Magerrasen und in lichten Wäldern vorkommt. Sie hat – anders als die Kanadische Goldrute – bis zu 2 cm große, gelbe, wie in einer Fackel stehende Blütenkörbchen. Die wertvolle Bienenweide und alte Heilpflanze (Blasen- und Nierentee) wird nicht lästig im Garten.

NACH 5 MONATEN

Die Kanadische Goldrute ist trotz ihrer Größe eine recht filigrane Staude. Die langen, wechselständig mit schmal lanzettlichen, oberseits kahlen, unterseits kurz behaarten Blättern bestandenen Stängel verzweigen sich an den Enden im Blütenbereich. Die ausladenden, pyramiden- bis kegelförmigen Blütenrispen, die auch attraktiv überhängen, bestehen aus Hunderten von kleinen Blütenkörbchen, die auf einer Seite der Rispe nach oben gerichtet sind. In jedem Blütenkörbchen sind ein paar wenige gelbe Röhrenblüten von einem Kranz aus bis zu 17 goldgelben Zungenblüten umgeben. Dachziegelartig ausgerichtete Hüllblätter hüllen jedes Blütenkörbchen ein. Die nektar- und pollenreichen Blüten sind für Bienen, Schmetterlinge und andere Insekten eine wichtige Nahrungsquelle im ausgehenden Sommer und beginnenden Herbst. Aus den Blüten können Sie einen goldgelben, leicht nach Anis schmeckenden Tee kochen.

Schneiden Sie die abgeblühten Blütenrispen aber unbedingt konsequent ab, damit sich aus den Blütenkörbchen keine Nussfrüchte bilden können – die Kanadische Goldrute neigt zur überreichen Samenbildung und Selbstaussaat. Im Garten ist das weniger ein Problem, aber die kleinen Samen verbreiten sich auch außerhalb des Gartens und die Kanadische Goldrute verwildert – da sie sehr konkurrenzstark ist, können auf den von ihr eingenommenen Flächen keine heimischen Wildpflanzen mehr gedeihen. Darum wird diese Pflanzenart als invasiv eingestuft.

Klatsch-Mohn

Wie die Kornblume ist der Klatsch-Mohn eine typische Pflanze wogender Getreidefelder – sie gedeiht auch bestens in sonnigen Staudenbeeten.

FRISCH GEKEIMT

FRISCH GEKEIMT

Der heimische Klatsch-Mohn bildet große Mengen an kleinen Samen („Mohnkörner"), die im Boden lange keimfähig bleiben, nach Bodenarbeiten ans Licht gelangen und im Frühjahr keimen. Zunächst erscheinen die beiden kleinen, schmalen, lanzettlichen Keimblätter. Bald folgen die ersten Laubblätter: einfache, ovale, unbehaarte Blättchen mit glattem Rand.

NACH 3 WOCHEN

Die Folgeblätter sehen anders aus: Sie sind ein- bis zweifach fiederspaltig mit tief gezähnten Abschnitten, borstig behaart und sitzen wechselständig mit Blattstiel am Stängel. In der Mitte der Blattrosette treibt der aufrechte, kräftige, meist unverzweigte behaarte Blütenstängel aus.

NACH 3 WOCHEN

STECKBRIEF

BOTANISCHER NAME: *Papaver rhoeas* (Mohngewächse)

LEBENSFORM: einjährig

BLÜTEZEIT: Mai bis Juli

HÖHE: 30 bis 90 cm

VORKOMMEN: verbreitet; in Getreidefeldern, an Wegen, Zäunen, Straßenböschungen, auf Bahnschotter, Ödflächen, in Gärten

STANDORT: sonnig, warm; auf nährstoffreichen, trockenen Böden

ALS LANDEPLATZ DIENT DER GROSSE STEMPEL, DER VON DEN POLLENREICHEN STAUBBLÄTTERN UMGEBEN IST.

NACH 3 MONATEN

REICHLICH SAMEN

Alle Pflanzenteile, außer den Samen, sind mit einem schwach giftigen, alkaloidhaltigen Milchsaft gefüllt. Nur die reifen Samen sind essbar, etwa als Gewürz oder zum Bestreuen von Desserts, Kuchen und Gebäck. Sie können die Samen auch für eigene Aussaaten im Garten sammeln, dazu binden Sie einfach eine Tüte um die heranreifende Kapselfrucht. Bioniker haben nach dem Prinzip der Mohnkapsel Salz- und Pfefferstreuer entwickelt.

NACH 3 MONATEN

Viele Tage und Wochen lang öffnen sich nacheinander die Blütenknospen. An blühenden Mohnpflanzen können Sie beobachten, wie sie die Stellung von Knospe, Blüte und Fruchtkapsel ändern: Zunächst hängen die Knospen nickend herab, dann richten sie sich auf, öffnen sich zur Blüte und bleiben zur Kapselbildung aufrecht stehen. Für die Blumenvase schneiden Sie die Blütenknospen am langen Stängel ab.

Die Mohnblüten mit vier großen roten, im Zentrum schwarz gefleckten Kronblättern bieten keinen Nektar an, wohl aber enorme Mengen an Pollen. Die unzähligen Staubblätter einer einzigen Blüte produzieren rund 2,5 Millionen Pollenkörner – die meisten Pollen werden morgens zwischen 6 und 10 Uhr abgegeben. Darum besuchen zu diesen Zeiten die meisten Hummeln und Bienen die Mohnblüten, danach flaut der Insektenbesuch deutlich ab. Da Hummeln und Bienen keine rote Farbe wahrnehmen können, locken die Blüten die Insekten mit UV-Farben an, die von den Kronblättern reflektiert werden.

Nach Bestäubung und Befruchtung bildet sich aus dem breit-eiförmigen Fruchtknoten die Kapselfrucht. Wenn die Samen darin reif sind, öffnen sich unter dem flachen Deckel viele kleine Poren. Wenn der Wind, vorbeistreifende Tiere oder Menschen den Stängel in Bewegung setzen, rieseln die reifen kleinen Samen heraus. Jede Mohnpflanze kann bis zu 20 000 Samen bilden. Die ölhaltigen Samen sind alkaloidfrei und dienen schon seit der Jungsteinzeit den Menschen als Lieferant für Speise- und Maleröle.

Kletten-Labkraut

Diese Pflanze ist unverwechselbar: Wegen der klettenartigen Borstenhaare fühlt sie sich klebrig an und bleibt überall haften.

NACH 2 WOCHEN

Anders als die harten Stängel des Echten Labkrauts sind die des Kletten-Labkrauts recht schlaff. Die vierkantigen Stängel wachsen am Boden, bis sie eine andere Pflanze erreicht haben, an der sie mithilfe von rückwärts gekrümmten Borsten emporwachsen. Je sechs bis acht Laubblätter umgeben etagenweise den Stängel. Die jungen Blätter und Triebe schmecken als spinatähnliches Wildgemüse oder Tee.

FRISCH GEKEIMT

Jede Pflanze lässt bis zu 500 Samen frei, die im Boden bis zu acht Jahre keimfähig bleiben und meist im Frühjahr keimen. Zunächst erscheinen die beiden länglich ovalen, derben, an der Spitze eingebuchteten Keimblätter. Während sich am Haupttrieb die ersten Laubblätter entfalten, beginnt die Pflanze erste Nebentriebe in den Blattachseln der Keimblätter zu bilden. Wenn nicht erwünscht, jetzt schon ausreißen!

STECKBRIEF

BOTANISCHER NAME: *Galium aparine* (Rötegewächse)

LEBENSFORM: einjährig

BLÜTEZEIT: Juni bis Oktober

HÖHE: 60 bis 200 cm

VORKOMMEN: verbreitet; an Weg- und Waldrändern, auf Feldern, in Gärten und Siedlungen

STANDORT: sonnig bis halbschattig; frischer, stickstoffreicher Boden

WENN ES DOCH NOCH LÄSTIG WIRD…

Auf Getreidefeldern ist das Kletten-Labkraut ein lästiges Unkraut, denn es entzieht dem Boden nicht nur Nährstoffe, sondern überwuchert die Kulturen und erschwert die Ernte. Junge Pflanzen werden dort mechanisch entfernt – eine Strategie, die Sie auch im Garten dort anwenden, wo das Kletten-Labkraut zu viel wird. Da sich diese Pflanze nur über Samen ausbreitet, sollten Sie die Bildung von Früchten einschränken.

DIE GANZE PFLANZE IST MIT KLEBRIGEN BORSTEN BESETZT.

NACH 8 WOCHEN

NACH 8 WOCHEN

Die ganze, stark verzweigte Pflanze ist klebrig durch klettenartig haftende Borsten und Haare, die am Stängel, an den Blatträndern und unterseits auf dem mittleren Blattnerv sitzen – und auch die aus zwei kugeligen Teilen zusammengesetzte Spaltfrucht ist von hakig gekrümmten Borsten besetzt. Diese Kletten ermöglichen es der Pflanze, leicht an Pflanzen oder anderen Hindernissen emporzuwachsen und sie sogar zu überwuchern. Wegen dieser Kletten bleibt das Kletten-Labkraut auch leicht in Tierfell oder Kleidung kleben, wodurch ganze Pflanzenteile oder die Früchte abgerissen und verbreitet werden. Pflanzenteile, die den Kontakt zur Stütze verloren haben, richten sich bald von selbst wieder an den Blattknoten auf. Die unscheinbaren, nur 2 mm großen Blüten mit je vier weißen bis grünlichen Kronblättern stehen zu zweit bis fünft in kleinen Blütenständen in den Blattachseln. Dabei entstehen zunächst die Blütenstände an den Enden der Nebentriebe, zuletzt der am Haupttrieb – danach wächst die Pflanze nicht mehr weiter. Noch bis Oktober reifen nach und nach die Früchte, dann stirbt die Pflanze ab. Vor allem kleine Insekten besuchen die nektar- und pollenhaltigen Blüten, über 40 verschiedene Käfer-, Fliegen- und andere Insektenarten ernähren sich nur vom Kletten-Labkraut. In der Volksheilkunde wurde das blühende Kraut innerlich und äußerlich bei verschiedenen Hautleiden eingesetzt.

Kohl-Gänsedistel

Der Zweitname dieser Pflanze – Gemüse-Gänsedistel – weist darauf hin, dass diese heimische Wildpflanze essbar ist.

FRISCH GEKEIMT

UM DIE BITTERSTOFFE ZU ENTFERNEN, LEGEN SIE DIE JUNGEN BLÄTTER EINE STUNDE IN WARMES WASSER EIN. EINWEICHWASSER WEGGIESSEN.

STECKBRIEF

BOTANISCHER NAME: *Sonchus oleraceus* (Korbblütengewächse)

LEBENSFORM: einjährig

BLÜTEZEIT: Juni bis Oktober

HÖHE: 30 bis 100 cm

VORKOMMEN: häufig; an Wegen, Mauern, auf Feldern, Schutt- und Ödflächen, in Gärten

STANDORT: sonnig bis halbschattig; frischer, nährstoffreicher Boden

FRISCH GEKEIMT

Die ersten Laubblätter der kleinen Sämlinge sind grundständig. Der Blattstiel dieser länglichen, schon fiederspaltigen Blätter ist gekielt, der schmale Blattrand spärlich mit kleinen stacheligen Zähnen besetzt, die auch fehlen können. Wenn Sie den Boden in den Beeten lockern, entfernen Sie diese kleinen Kohl-Gänsedisteln – oder Sie ernten die jungen Blättchen schon jetzt für erste Salate.
Die langen, fiederspaltigen, kahlen Laubblätter, die viel weicher sind als sie erscheinen, umfassen den Stängel mit ihrem herzförmigen Grund. Die Blattspreite mit den breiten, zugespitzten Zipfeln läuft meist in einer länglichen Spitze aus. Obwohl der Blattrand spitz gezähnt ist, stechen diese Zähne nicht, sondern fühlen sich auch weich an. Die Pflanze wirkt matt graugrün bis dunkelgrün, unterseits etwas heller.
Früher wurde die Kohl-Gänsedistel als Gemüse angebaut, die jungen Blätter (Blattrand entfernen) mit kohlähnlichem Aroma ergeben einen bitteren Salat oder spinatähnliches Gemüse und Eintopf. Auch die jungen Triebe sind essbar.

NACH 3 MONATEN

ÄHNLICHE ARTEN

Im Garten treten noch zwei weitere Gänsedisteln auf: Die bis zu 1,2 m hohe, ebenfalls einjährige Raue Gänsedistel (*S. asper*) hat glänzende, dornig gezähnte Blätter. Die bis zu 1,5 m hohe, ausdauernde Acker-Gänsedistel (*S. arvensis*) besitzt fiederspaltige, breitbuchtige Blätter mit fein stachelig gezähntem Blattrand. Beim einjährigen Kompass-Lattich (*Lactuca serriola*) sind nicht nur die Blattränder, sondern auch der Hauptnerv stachelig.

NACH 3 MONATEN

Die Kohl-Gänsedistel hat einen auffallend steifen Wuchs. An den Enden der hohlen, ästig verzweigten, mit Milchsaft gefüllten Stängel bildet sich ein traubig-rispenförmiger Blütenstand mit vielen eiförmigen Blütenknospen. Diese öffnen sich zu eher unauffälligen, 1,5 bis 2,5 cm breiten Blütenkörbchen, die nur aus hellgelben Zungenblüten bestehen. Sie öffnen sich nacheinander über einen langen Zeitraum. Die Blüten sind ebenfalls essbar und können Salate oder andere Speisen dekorieren.

Honig- und verschiedene Wildbienen sowie Schwebfliegen gehören zu den Blütenbesuchern – und da die Gänsedisteln zu den am spätesten blühenden Pflanzen gehört, bietet sie den Insekten wertvolle Nahrung im Herbst. Das ist gerade für die überwinternden Honigbienen und Hummelköniginnen wichtig.

In den abgeblühten, bestäubten Blütenkörbchen entwickeln sich die braunen, flachen Nussfrüchte mit einem weißen Haarkranz („Pusteblumen"). Finken und andere Feinkörnerfresser unter den Vögeln ernähren sich gern von den ölreichen Früchten, die vom Wind erfasst und verbreitet werden. Um die Ausbreitung der Kohl-Gänsedistel im Garten zu unterbinden, sollten Sie Abgeblühtes regelmäßig entfernen.

Die Blätter der Kohl-Gänsedistel sind das Futter verschiedener Schmetterlingsraupen, darunter von denen des Lattichmönchs. Auch Haustieren schmecken die Blätter und für Bauern waren sie wichtiges Viehfutter (daher stammt der Name Gänsedistel).

Königskerze

Die hohen Großblütigen Königskerzen fallen mit ihren leuchtend gelben Blütenfackeln im zweiten Standjahr ganz besonders auf.

NACH 8 WOCHEN

Im zweiten Jahr bildet sich am Grund eine Rosette aus kurzstieligen, länglichen bis länglich eiförmigen Blättern mit glattem oder schwach gezähntem Blattrand, aus der bald der dicke Blütenstängel treibt. Die gesamte Pflanze ist als Anpassung an trockene, sonnige Standorte dicht mit filzig-wolligen Haaren überzogen, die die Verdunstung herabsetzen und vor der Sonnenbestrahlung schützen. Perfekt für vollsonnige Plätze im Garten.

FRISCH GEKEIMT

Die Königskerze sät sich kräftig selbst aus. Daher erscheinen im ersten Jahr zahlreiche Sämlinge mit lanzettförmigen Blättern, die am Boden eine relativ flache Blattrosette bilden. Da Königskerzen an ihrem natürlichen Standort niedrige Pflanzen überragen, sollten Sie sie im Garten fern von schattenspendenden Gehölzen gedeihen lassen.

STECKBRIEF

BOTANISCHER NAME: *Verbascum densiflorum* (Braunwurzgewächse)

LEBENSFORM: zweijährig

BLÜTEZEIT: Juli bis September

HÖHE: 50 bis 250 cm

VORKOMMEN: zerstreut; auf Öd- und Schuttflächen, an Wegrändern, in Gärten mit sandigem bis steinigem Boden

STANDORT: sonnig, warm; trockener bis frischer, durchlässiger Boden

DIE HEILKRÄFTIGEN BLÜTEN IM JULI ODER AUGUST AN EINEM SONNIGEN, TROCKENEN TAG SAMMELN UND GUT TROCKNEN. SIE KÖNNEN LEICHT SCHIMMELN.

ERSTE BLÄTTER MIT LÄNGLICHER FORM

NACH 15 MONATEN

WEITERE ARTEN

Die Kleinblütige Königskerze (*V. thapsus*) gedeiht häufig in Siedlungen. Sie wird bis zu 1,7 m hoch und trägt kleinere gelbe Blüten im langen Blütenstand. An den violetten, wollig behaarten Staubfäden ist die Schwarze Königskerze (*V. nigrum*) gut zu erkennen. Alle Königskerzen bilden häufig miteinander Hybride, sodass Nachkommen verschiedener Königskerzen oft die Merkmale beider Eltern tragen.

NACH 15 MONATEN

Monatelang steht die Großblütige Königskerze im zweiten Standjahr in voller Blüte. An den Enden der langen, aufrecht stehenden, beblätterten und verzweigten Blütenstängel erscheinen die sehr langen Blütenstände, die dicht mit über 200 großen gelben Blüten besetzt sind. Die Blüten öffnen sich fortlaufend von unten nach oben. Die bis zu 5 cm großen fünfblättrigen Blüten tragen wollig behaarte Staubfäden, die mehr Pollen vortäuschen, als tatsächlich vorhanden sind und locken Unmengen von Honigbienen, Hummeln und anderen Wildbienen, Käfern und Schwebfliegen an, die den Pollen sammeln und Nektar saugen. Auch die übrige Pflanze ist ein Insektenparadies: Fraßspuren an den Blättern stammen von verschiedenen Schmetterlingsraupen wie etwa vom Scheckenfalter und Braunen Mönch. Wildbienen sammeln die filzigen Haare für ihr Nest, nisten in den abgestorbenen Stängeln oder suchen Unterschlupf in den Blütenknospen.

Aus den bestäubten Blüten entwickeln sich braune Kapselfrüchte, die im Winter die winzigen Samen entlassen – Königskerzen bilden viele Tausend Samen pro Pflanze. Daher muss es Sie nicht wundern, wenn im kommenden Jahr an verschiedenen Stellen im Garten diese neuen Pflanzen keimen. Wegen ihres Gehalts an Flavonoiden und Schleimstoffen lindert ein Tee aus den gelben Königskerzenblüten Heiserkeit, chronischen und reizenden Husten. Die Blüten sind auch in Badezusätzen gegen Hautausschläge enthalten und sie schmecken gut in Salaten, deftigen und süßen Speisen.

Löwenzahn

Beim Löwenzahn scheiden sich die Geister: Die einen ernten die Blätter für Salate und erfreuen sich an den Pusteblumen, für die anderen ist er ein lästiges Unkraut.

NACH 4 WOCHEN

Die langen, stark gezackten Blätter bilden eine bodenständige Rosette. Je nach Standort ändern sich Form und Ausrichtung: An sonnigen Plätzen sind sie kleiner, an schattigeren größer, an wenig begangenen Plätzen stehen sie schräg aufrecht, auf häufig gemähten Wiesen liegen sie dicht dem Boden an. Die leicht bitteren Blätter schmecken im Wildkräutersalat und gedünstet als Gemüse und im Omelett.

FRISCH GEKEIMT

Die ersten Blätter des keimenden Löwenzahns, die im Frühjahr erscheinen, sehen noch gar nicht typisch aus: Sie sind länglich löffelartig mit langem Blattstiel. Wenn Sie Löwenzahn loswerden wollen, dann sollten Sie ihn jetzt entfernen, denn noch sind seine Wurzeln fein. Die Blätter verwerten Sie in der Küche zu einem gesunden Frühlings-Wildkräutersalat oder verfüttern sie an Meerschweinchen.

STECKBRIEF

BOTANISCHER NAME: *Taraxacum officinalis* (Korbblütengewächse)

LEBENSFORM: ausdauernd, mehrjährig

BLÜTEZEIT: April bis Juli

HÖHE: 5 bis 40 cm

VORKOMMEN: sehr häufig; auf stickstoffreichen Wiesen, Weiden, Rasenflächen, an Wegrändern

STANDORT: sonnig; frischer, nährstoffreicher Boden

NACH 6 WOCHEN

ZU VIEL DES GUTEN

Jede Pflanze produziert mehrere Tausend Samen, die überall auskeimen können. Um dies zu verhindern, sollten Sie abgeblühte Blüten vor der Samenbildung konsequent entfernen. Eine sehr lange, fleischige, milchsaftführende Pfahlwurzel verankert den Löwenzahn fest im Boden. Ziehen Sie die Sämlinge und Jungpflanzen aus dem Boden (verspeisen!), bei älteren benötigen Sie einen Unkrautstecher. Mit häufigem Mähen kommt der Löwenzahn (anders als beispielsweise Brennnesseln) gut zurecht.

DIE SAMEN SIND BELIEBTE KOST VON GIMPELN, STIEGLITZEN, HÄNFLINGEN UND ANDEREN VÖGELN.

NACH 6 WOCHEN

Dort, wo der Löwenzahn ungestört wachsen kann, erheben sich die Blütenkörbchen an sehr langen, hohlen, blattlosen, mit weißem Milchsaft gefüllten Stielen über der grundständigen Blattrosette. Achtung, der Milchsaft hinterlässt braune Flecken auf der Kleidung.

Auf häufig gemähten Flächen schmiegen sich die Blütenkörbchen dicht dem Boden an. Die bis zu 4 cm großen Blütenkörbchen setzen sich aus unzähligen goldgelben Zungenblüten zusammen, die unterschiedlich lang sind. Sie sind nur an trockenen, schönen Tagen geöffnet. Da die Bluten sehr nektar- und pollenreich sind, werden sie als eine wichtige Insektenweide von zahlreichen Honigbienen, Hummeln und anderen Wildbienen, Schmetterlingen, Schwebfliegen und Käfern besucht.
Nach dem Verblühen bilden sich die „Pusteblumen“, die aus sehr vielen kleinen Früchtchen mit Pappus (Schirm aus Flughaaren am langen Stiel) bestehen. Mit dem Wind werden die flugfähigen Samen in alle Richtungen verbreitet.
Wegen seiner verdauungsfördernden, leber-, galle-, nieren- und immunsystemstärkenden Inhaltsstoffe ist der Löwenzahn eine wichtige Heilpflanze und gilt auch als „Ginseng des Westens“. Zum Verspeisen sollten Sie nur junge Blätter von März bis Juni sammeln, da die älteren Blätter immer bitterer werden. Die süßlichen Blüten ergeben Sirup und Gelee, die getrockneten Wurzeln waren früher Kaffee-Ersatz. Mit den Blättern können Sie auch Meerschweinchen und Kaninchen füttern.

Nachtkerze

Nachdem sich abends die Blüten dieser attraktiven Zierpflanze hörbar raschelnd geöffnet haben, verströmen sie einen intensiv süßlichen Duft.

FRISCH GEKEIMT

NACH 4 WOCHEN

IM HERBST ERNTEN!

NACH 4 WOCHEN

Ernten Sie die essbaren Blätter mit mangoldähnlichem Aroma im Frühjahr. Im Lauf des Sommers wird die Blattrosette immer größer.
Im Boden bildet sich eine rötliche, dicke Pfahlwurzel, die Sie nur im Herbst des ersten Jahres ernten können – im zweiten Jahr ist sie nicht mehr essbar. Die leicht bitter schmeckende Wurzel wird wie Schwarzwurzeln als Gemüse zubereitet und unter anderes Gemüse gemischt.

FRISCH GEKEIMT

Wie bei allen zweijährigen Pflanzen treiben im ersten Jahr nur die Blätter aus. Die länglichen, eiförmig-lanzettlichen Blätter mit langen Stielen bilden am Boden eine flache Rosette. Da sich Nachtkerzen leicht und weiträumig durch Samen ausbreiten, können die Sämlinge überall im Garten auftauchen. Lassen Sie diese hübsche Pflanze einfach gedeihen.

STECKBRIEF

BOTANISCHER NAME: *Oenothera biennis* (Nachtkerzengewächse)

LEBENSFORM: zweijährig

BLÜTEZEIT: Juni bis September

HÖHE: 50 bis 200 cm

VORKOMMEN: ziemlich häufig; auf Böschungen, Bahndämmen, Öd- und Schuttflächen, am Straßenrand, in Gärten

STANDORT: sonnig; eher trockener, mäßig nährstoffreicher Boden

WENN DIE NACHTKERZEN AUFBLÜHEN, VERWELKEN NACH UND NACH DIE BLÄTTER IN DER GRUNDSTÄNDIGEN ROSETTE.

ERSTE BLÄTTER MIT LÄNGLICHER FORM

NACH 16 MONATEN

HEILPFLANZE DER UREINWOHNER NORDAMERIKAS

Die Gewöhnliche Nachtkerze stammt aus Nordamerika, wo ihre Heilkraft den Ureinwohnern schon bekannt war und genutzt wurde. Sie kam um das Jahr 1620 nach Europa und hat sich hier so ausgebreitet, dass sie als eingebürgert gilt. Für den Garten gibt es noch weitere Nachtkerzenarten, die genauso attraktiv und ökologisch wertvoll sind, wie etwa die Duftende Nachtkerze (*O. odorata*) und die Rotkelchige Nachtkerze (*O. glazioviana*).

NACH 16 MONATEN

Im zweiten Jahr bilden sich die grünen, manchmal auch rotlichen Blutenstangel mit wechselständigen, länglichen bis schmal eiförmigen, fein gezähnten oder ganzrandigen Blättern. An den Stängelenden sitzen 2 bis 3 cm große, gelbe, manchmal auch rötliche Blüten mit vier Blütenblättern in dichten ährenähnlich traubigen Blütenständen. Jeden Abend öffnen sich die Blüten innerhalb weniger Minuten, das können Sie sogar hören. Mit dem intensiven Duft locken die Blüten dämmerungs- und nachtaktive Falter wie Taubenschwänzchen und Mittlerer Weinschwärmer an, die in der Luft vor den Blüten stehen bleiben und Nektar saugen – das zu beobachten ist ein Genuss! Morgens, bevor die Blüten verblühen, besuchen langrüsselige Hummeln und Bienen die Blüten, verschiedene Schwebfliegen sammeln Pollen. Abends öffnen sich dann neue Blüten – und dies über viele Wochen hinweg. Die Blütenknospen und Blüten sind essbar: für Salate oder als Dekoration für verschiedene Speisen. Die verblühten Blüten hängen herab und es bilden sich bis zu 3,5 cm lange, walzen- bis kapselförmige Früchte, in denen sich die Samen entwickeln. Nach dem Absterben der Pflanze werden die Samen vom Wind verbreitet. Für verschiedene Finken sind sie eine nahrhafte Herbst- und Winterkost, lassen Sie die Pflanze möglichst über den Winter stehen. Aus den Samen lässt sich das fette Nachtkerzenöl gewinnen, das wegen seiner entzündungshemmenden und Immunsystem stärkenden Wirkungen bei zahlreichen Hauterkrankungen wie Neurodermitis erfolgreich eingesetzt wird.

Portulak

Dieses einjährige Heil- und Küchenkraut ist auch unter den Namen Sommer- oder Gemüse-Portulak, Postelein und Bürzelkraut bekannt.

FRISCH GEKEIMT

Da sich der pflegeleichte Portulak stark selbst aussät, können im Folgejahr auch dort Keimpflanzen erscheinen, wo Sie ihn nicht ausgesät haben. Schon die Sämlinge und Jungpflanzen sind unverkennbar: An den niederliegend wachsenden Stängeln sitzen die zunächst länglich eiförmigen bis elliptischen Laubblätter, die fleischig und saftig sind. Achten Sie darauf, dass das Erdreich stets gut feucht ist.

NACH 3 BIS 4 WOCHEN

Bald verzweigt sich die liegend wachsende Pflanze mit den oft rötlichen Stängeln. Die 1 bis 3 cm langen, fleischigen Blätter sind länglich bis verkehrt-eiförmig. Schon wenige Wochen nach der Aussaat können Sie ernten. Nur Pflanzen mit grünen Blättern sind essbar, Sorten mit andersfarbigen Blättern sind Zierpflanzen.

STECKBRIEF

BOTANISCHER NAME: *Portulaca oleracea* (Portulakgewächse)

LEBENSFORM: einjährig

BLÜTEZEIT: Juni bis September

HÖHE: 10 bis 30 cm

VORKOMMEN: in Gärten, Weinbergen, Pflasterfugen, an Wegrändern, auf Friedhöfen

STANDORT: sonnig, warm; sandiger, durchlässiger Boden

ÄLTERE BLÄTTER WERDEN BITTER UND SCHMECKEN DANN NUR NOCH IN GEKOCHTER FORM ALS GEMÜSE.

ÄHNLICHE ART

Winterportulak ist kein Portulak, sondern eigentlich das Gewöhnliche Tellerkraut (*Claytonia perfoliata*) und wird auch Kubaspinat oder Winterpostelein genannt. Diese angenehm mild schmeckende Pflanze stammt aus Nordamerika und wurde schon von den Ureinwohnern als Salat- und Gemüsepflanze genutzt. Samen für den Selbstanbau erhalten Sie im Gartenfachhandel.

NACH 3 MONATEN

Obwohl der gesamte Stängel beblättert ist, häufen sich die Blätter an den Stängelenden. Ab Juni öffnen sich die gelben, fünfblättrigen, etwa 8 mm großen Blüten, die oft zu ein bis drei auf dem Stängel sitzen. Sie sind nur einen Vormittag lang geöffnet und bestäuben sich meist selbst, gelegentlich werden sie von Fliegen und Ameisen besucht. Die kapselartigen Früchte enthalten große Mengen an Samen – eine einzige Pflanze produziert im Lauf eines Sommers bis zu fast 200 000 Samen. Diese überdauern den Winter und keimen erst bei warmen sommerlichen Temperaturen. Wenn Sie Portulak aussäen möchten: Samen nicht mit Erde bedecken (Lichtkeimer). Daher empfiehlt sich eine Vorkultur auf der Fensterbank oder man sät erst nach Mitte Mai im Freiland aus. Portulak gedeiht auch im Pflanzgefäß auf Balkon und Terrasse.

Portulak enthält neben viel Vitamin C noch jede Menge anderer Vitamine und Mineralstoffe – auf der Fensterbank gezogen ist Portulak eine herrliche Quelle für Vitalstoffe im Frühjahr. Die jungen fleischigen Blätter und Triebe mit leicht säuerlichem, nussähnlichem Geschmack ergeben würzige Wildsalate, Quarkspeisen und gedünstetes Gemüse. Auch die Knospen und Blüten haben ein erfrischend säuerliches Aroma, mit denen Sie Speisen würzen können. Die Knospen können Sie auch wie Kapern einlegen. Wegen ihres Gehalts an Schleimstoffen und Omega-3-Säure wurde Portulak früher gegen Skorbut und bei übersäuertem Magen verabreicht, sowie als harntreibender Tee bei Harnwegsinfektionen.

Die Heimat des Portulaks liegt vermutlich in Südeuropa, mit den Römern kam dieses Würz- und Heilkraut über die Alpen nach Mitteleuropa.

Quecke

Die Kriechende Quecke hat als lästiges Unkraut einen schlechten Ruf. Wenn es einmal im Garten Fuß gefasst hat, bekommt man es kaum wieder los.

NACH 3 BIS 4 WOCHEN
Die Quecke ist ein Wurzelunkraut, sein Name bezieht sich auf die Wörter „queck" oder „quick", gleichbedeutend mit zählebig. Besonders hartnäckig hält sich dieses Gras im Boden, da aus jedem kleinsten Wurzelstück eine neue Pflanze gedeihen kann. Die bis zu 30 cm langen, 3 bis 15 mm breiten, dünnen, weichen Blätter sind oft grau- bis blaugrün gefärbt, ihr Blattgrund umfasst den Stängel.

FRISCH AUSGETRIEBEN
Die Kriechende Quecke besitzt einen langen Wurzelstock, der von Jahr zu Jahr mithilfe seiner vielen Ausläufer einen immer dichteren Rasen bildet. Die spitzen Triebe brechen überall aus den unterirdischen Wurzeln an die Oberfläche. Um dieses Süßgras loszuwerden, sollten Sie jeden neu erscheinenden Trieb mit reichlich Wurzeln sofort mit dem Unkrautstecher ausgraben.

STECKBRIEF

BOTANISCHER NAME: *Elymus repens* (Süßgräser)

LEBENSFORM: mehrjährig

BLÜTEZEIT: Juni bis August

HÖHE: 30 bis 100 cm

VORKOMMEN: sehr häufig; auf öden Flächen, Feldern, an Wegen und Mauern

STANDORT: sonnig; humoser, dichter Boden

NACH 3 MONATEN

QUECKEN SIND ZEIGERPFLANZEN FÜR VERDICHTETE BÖDEN.

QUECKEN LOSZUWERDEN …

… das ist ganz schwierig! Am besten gelingt es, wenn Sie die Quecke sich erst gar nicht richtig etablieren lassen, also den Anfängen wehren: Wurzelteilstücke bei Erdlieferungen oder Erdarbeiten konsequent aussieben und die Samenbildung verhindern. Queckensamen keimen in etwa 5 cm Bodentiefe. Sehr häufiges, fortlaufendes Fräsen, bei dem die Wurzeln stark zerteilt werden, schwächt ebenfalls die Pflanze. Oder man sät Senf oder einen anderen schnellwachsenden Gründünger aus, der die Quecke beschattet.

NACH 3 MONATEN

Quecken bilden Horste oder größere Bestände, die im Sommer blühen. Dann bildet sich an den Enden der langen Halme der schlanke, ährige Blütenstand, der bis zu 15 cm lang werden kann. Die aufrechte, meist dichte Ähre besteht aus zwei Zeilen von bis zu 1,7 cm langen, grannenlosen oder kurzgrannigen Ährchen, die mit der Breitseite am Halm anliegen. Der Wind bestäubt die Blüten, in denen von August bis Oktober die Samen reifen. Jede Pflanze bringt dabei rund 50 Samen hervor, die gern von Finken, Ammern und anderen Vögeln gefressen werden. Verschiedene Schmetterlingsraupen, etwa die von Dickkopffaltern, ernähren sich von den Blättern. Die Quecke gehört auch zu den wichtigen Nahrungspflanzen von Tieren, die sich von Gras ernähren, wie Pferde oder Rinder. Darum wird sie in Nordeuropa als Futterpflanze angebaut.
Quecken enthalten neben Eiweißen und verschiedenen Zuckern auch Vitamin C, Carotin, ätherische Öle, Kieselsäure und Silikate. Die stärkehaltigen Wurzeln und Ausläufer schmecken zuerst mehlig, dann süßlich. Daher wurden sie früher zu Mehl gemahlen, das unter Weizen- und Roggenmehl gemischt wurde. Quecken wurden in Notzeiten auch als Suppe verspeist, zu Kaffee-Ersatz geröstet oder zum Gewinnen von Alkohol genutzt. Aus dem getrockneten Wurzelstock kann ein heilwirksamer Tee zubereitet werden, der wegen seiner harntreibenden Wirkung zum Durchspülen von Niere und Blase bei Harnwegsentzündungen eingesetzt wird. In der Volksmedizin wird Queckentee zur Blutreinigung getrunken, in der anthroposophischen Medizin bei Schnupfen und Erkältungen.

Ringelblume

Den ganzen Sommer über blühen die großen sonnengelben bis orangen, heilkräftigen Körbchenblüten der pflegeleichten Ringelblumen.

FRISCH GEKEIMT
Wenn die sichel- bis ringelförmigen Samen keimen, erscheinen die eiförmigen, länglichen bis lanzettlichen, an der Spitze abgerundeten, fein behaarten Blätter. Keimen die Samen erst im Herbst, überwintert die Pflanze und blüht im kommenden Jahr schon recht früh. Ringelblumen sind hübsch – Sie können sie problemlos überall dulden, selbst im Gemüsebeet, in Blumenkästen und Kübeln.

NACH 3 WOCHEN
Nach und nach bilden sich immer mehr bis zu 12 cm lange Blätter. Bald bedecken sie den ganzen Boden und schützen ihn vor der Witterung. Zudem lockern die langen Pfahlwurzeln den Boden und Substanzen, die die Wurzeln ausscheiden, vertreiben Nematoden und Drahtwürmer – Ringelblumen fördern die Gesundheit des Bodens.

STECKBRIEF

BOTANISCHER NAME: *Calendula officinalis* (Korbblütengewächse)

LEBENSFORM: einjährig

BLÜTEZEIT: Mai bis Oktober

HÖHE: 30 bis 50 cm

VORKOMMEN: verbreitet; in Gärten, auf Feldern, Schutt- und brachliegenden Flächen, an Wegrändern

STANDORT: sonnig; mäßig nährstoffreicher, kalkreicher Boden

BEVORZUGEN SIE UNGEFÜLLTE, EINFACHE BLÜTEN. SORTEN MIT GEFÜLLTEN BLÜTEN SEHEN ZWAR HÜBSCH AUS, BIETEN DEN INSEKTEN ABER WEDER NEKTAR NOCH POLLEN.

NACH 6 WOCHEN

WEITERE ART

Aus dem Mittelmeerraum kommt noch eine weitere Ringelblumenart zu uns, die einjährige Wilde oder Acker-Ringelblume (*C. arvensis*). Sie gedeiht vor allem in Gebieten mit warmem Weinbauklima. bleibt mit Höhen von 20 cm niedriger und besitzt auch kleinere, gelbe Blütenköpfe, die sich unermüdlich bis zum ersten Frost öffnen.

NACH 6 WOCHEN

Wenn Sie die Blätter reiben, verströmen sie einen frischen, manchmal auch dumpfen Duft. Sie sind zwar essbar, aber keine kulinarische Delikatesse – mischen Sie höchstens ein paar der möglichst jungen Blätter unter Wildkräutersalate. Die bis zu 7 cm großen orangen bis dottergelben Blütenkörbchen an aufrechten, kurz behaarten, mit stängelumfassenden Laubblättern besetzten Stängeln sind nur im Hellen geöffnet, abends und bei Wetterverschlechterung mit sinkendem Luftdruck schließen sie sich. Jedes Blütenkörbchen besteht aus 30 bis zu 100 Röhrenblüten, die von einem Kranz aus bis zu 150 Zungenblüten umgeben sind. Jedes Blütenkörbchen ist bis zu fünf Tage lang geöffnet und lockt unglaublich viele Honig- und Wildbienen, Hummeln, Schmetterlinge und andere Insekten an, die Nektar und Pollen sammeln. Vor allem die Blüten sind für ihre heilenden Inhaltsstoffe bekannt. Ringelblumensalbe heilt Wunden, hemmt Entzündungen und wirkt antiseptisch. Da Ringelblumenblüten sehr sanft wirken, sind sie auch für sensible und Babyhaut geeignet. Zur Herstellung einer Salbe ernten Sie die voll erblühten Blütenköpfe an trocken-warmen Tagen zur Mittagszeit. Die Blüten sind essbar und lassen sich getrocknet in Tee mischen. Früher wurde mit den Blüten auch Butter, Käse und Reis gelb gefärbt.

Die mit Haken und Zähnen besetzten Schließfrüchte werden vom Wind verbreitet, bleiben aber auch im Tierfell hängen oder werden von Ameisen transportiert. Daher tauchen Ringelblumensämlinge auch an überraschenden Plätzen auf – sie werden aber niemals lästig.

Schnittlauch

Das häufig vorkommende, vielseitige Würzkraut gedeiht oftmals von selbst im Garten, auf Balkon und Terrasse.

STECKBRIEF

BOTANISCHER NAME: *Allium schoenoprasum* (Lauchgewächse)

LEBENSFORM: mehrjährig

BLÜTEZEIT: Mai bis August

HÖHE: 10 bis 40 cm

VORKOMMEN: in Gärten, verwildert auf Sandbänken und Flussschotter

STANDORT: sonnig bis halbschattig: frischer bis feuchter, mäßig nährstoffreicher Boden

FRISCH AUSGETRIEBEN

Im Frühjahr treiben die frischgrünen, drehrunden, hohlen Laubblätter aus den weißen, länglichen bis eiförmigen Zwiebeln aus. Jedes Laubblatt ist von einer Blattscheide umgeben, die nach dem Austrieb rasch welkt und als bräunlich trockenes Häutchen den Blattgrund umgibt. Da nach und nach immer mehr Laubblätter austreiben, entsteht ein dichter Horst.

NACH 3 WOCHEN

Die ausdauernde Pflanze legt unterirdisch immer neue Tochterzwiebeln an, aus denen ebenfalls wieder röhrenförmige Blätter austreiben. Daher wird der Horst immer größer. Die Blätter verströmen beim Zerreiben den typischen Lauchduft. Schnittlauch können Sie ganzjährig ernten: Schneiden Sie die Blätter so tief wie möglich ab, am besten mit der Schere.

Das ganze Jahr über wachsen neue Blätter nach. Schnittlauch schmeckt am besten frisch auf Butterbrot, in Salaten, Quark, zu Kartoffeln, Eierspeisen und Gemüsegerichten. Schnittlauch sollte nicht mitgekocht, sondern erst nach dem Kochen zu den Speisen gegeben werden, so bleiben Aroma und die appetitanregende, verdauungsfördernde Wirkung erhalten. Und er lässt sich gut einfrieren.

ERSTE BLÄTTER MIT LÄNGLICHER FORM

DIE BLÜTEN BIETEN VIEL NEKTAR UND POLLEN AN, SIE WERDEN VON HONIGBIENEN UND HUMMELN BESUCHT.

WÜRZIGE VERWANDTE

Im Kräuterhandel werden verschiedene *Allium*-Arten angeboten, die ebenfalls hübsche Würzkräuter sind. Probieren Sie doch mal Kantenlauch (*A. angulosum*), eine alte, leicht scharf und nach mildem Knoblauch schmeckende Schnittlauchart, Berglauch (*A. senescens*) oder Schnittknoblauch (*A. tuberosum*). Die Brutknöllchen vom Weinberglauch (*A. vineale*) schmecken so ähnlich wie Knoblauch (*A. sativum*).

NACH 8 WOCHEN

Ab Mai treiben die festen Blütenstängel aus, an deren Ende sich bis zu 3 cm große, kugelige Blütenstände bilden. Jede dieser Dolden besteht aus unzähligen purpurroten, glockenförmigen Einzelblüten, aus denen sich eine kantige Kapselfrucht entwickelt. Windstöße oder Berührung schütteln die stecknadelkopfgroßen schwarzen Samen heraus. Durch diese Selbstaussaat kann Schnittlauch im Garten oder auf dem Balkon lästig werden, da er sich im Lauf der Jahre in jedem Beet und Kübel breitmacht. Am besten einen Großteil der Blüten ernten und verspeisen, so können sich keine Samen ausbilden. Es gibt zahlreiche Sorten mit fein- bis grobröhrigen Laubblättern oder weißen Blüten, die sich auch in Blumenbeeten gut machen. Damit die Pflanze jahrelang schön bleibt, sollten Sie sie alle drei Jahre teilen. Sie können die Horste auch im Herbst ausgraben, wenn nötig teilen und in einen Topf pflanzen – so können Sie den ganzen Winter über auf der Fensterbank Schnittlauch ernten.

Spitz-Wegerich

Diese alte heimische Heilpflanze wächst fast überall am Wegrand – griffbereit als Erste Hilfe bei Insektenstichen oder nach Kontakt mit Brennnesseln.

NACH 3 WOCHEN
Die langen, schmalen, ganzrandigen, spitz zulaufenden Blätter mit den drei bis sieben Längsnerven bilden am Boden eine Grundrosette. Junge, vor der Blüte gesammelte Blätter schmecken leicht bitter als Salat, in Kräuterquark oder als spinatähnliches Gemüse. Wenn Sie von einem Insekt gestochen wurden, können Sie ein paar Blätter zerquetschen und den frischen Pflanzensaft auf die betroffene Stelle geben.

FRISCH AUSGETRIEBEN
Schon an den ersten austreibenden Blättern erkennt man eindeutig den Spitz-Wegerich: Sie sind schmal bis lineal lanzettlich mit deutlichen, parallel verlaufenden Hauptnerven vom Blattgrund zur Blattspitze und unscheinbaren Queradern zwischen den Hauptnerven. Darum könnte man den Spitz-Wegerich auf den ersten Blick wie Lauchgewächse für eine einkeimblättrige Pflanze halten.

STECKBRIEF

BOTANISCHER NAME: *Plantago lanceolata* (Wegerichgewächse)

LEBENSFORM: mehrjährig

BLÜTEZEIT: Mai bis September

HÖHE: 10 bis 50 cm

VORKOMMEN: verbreitet; auf Wiesen, Weiden, Rasen, an Wegrändern

STANDORT: sonnig bis halbschattig; frischer, mäßig nährstoffreicher Boden

NACH 8 WOCHEN

DIE UNSCHEINBAREN BLÜTEN ÖFFNEN SICH VON UNTEN NACH OBEN IM BLÜTENSTAND

ÄHNLICHE ART

Der nah verwandte Breit-Wegerich (*P. major*) besitzt breit elliptische Blätter in einer Grundrosette, über die sich von Juni bis Oktober die schmalen, bis zu 20 cm langen Blütenähren am unverzweigten Stiel erheben. Der Breit-Wegerich ist außerordentlich trittfest und ist auf stark verdichtetem Boden häufig die einzige Pflanze, die dort noch wachsen kann. Auch seine Blätter wirken als Erste-Hilfe-Pflaster.

NACH 8 WOCHEN

Die Blätter werden auch gern von zahlreichen, verschiedenen Schmetterlingsraupen gefressen. Neben den schmal lanzettlichen, in einer Bodenrosette stehenden Blättern ist der lange, unverzweigte, gefurchte Blütenstiel mit der kurzen zylindrischen bis eiförmigen Blütenähre am Ende ein weiteres typisches Merkmal des Spitz-Wegerichs. Ab Ende April erscheinen dann die ersten Blütenknospen an den Stängelenden. Jede Blütenähre besteht aus vielen hautartigen, dicht beisammenstehenden Blütchen mit gelblichen Staubblättern, die weit herausragen. Sie werden vom Wind bestäubt. Sie können die Blütenknospen roh verspeisen.

Die zahlreichen Samen einer Blütenähre quellen bei Regen und Nässe auf und werden klebrig, sodass sie in Tierfellen und an Schuhsohlen haften bleiben und verbreitet werden – darum wächst Spitz-Wegerich gern dort, wo Tiere und Menschen laufen.

Wegen des Gehalts an Schleim-, Gerb- und Bitterstoffen wirkt Spitz-Wegerich hustenlösend, entzündungshemmend und reizmildernd bei Beschwerden im Mund-Rachenraum, er lindert Magen-Darm-Leiden und entzündete Hautstellen. Sie können die an sauberen Stellen gesammelten Blätter auch als Erste-Hilfe-Pflaster bei Wunden oder Blasen verwenden. Presssaft aus den Blättern erhalten Sie, wenn Sie mehrere Blätter miteinander verknoten und den Knoten kräftig reiben. Da Spitz-Wegerich verschiedene, das Wachstum von Mikroorganismen hemmende Substanzen enthält, kann der Pflanzensaft nicht schimmeln.

Spornblume

Üppiger Wuchs, attraktive rote oder auch weiße Blüten, anspruchslos in der Kultur – die Spornblume ist eine dankbare Pflanze für eher trockene Plätze.

NACH 3 WOCHEN
Spornblumen säen sich leicht auf eher trocken-steinigen Standorten aus, etwa auf den Flächen an den Hauswänden unterm Dachtrauf. Zwischen Schotter und Steinen fühlt sich die Rote Spornblume wohl, denn dies ist ihr natürlicher Standort im Mittelmeerraum. Die grundständigen, gestielten Blätter werden bis zu 8 cm lang. Im Lauf der Jahre beginnt die Basis immer mehr schwach zu verholzen.

FRISCH AUSGETRIEBEN
Schon an den ganz jungen Pflanzen der Roten Spornblume erkennen Sie die gegenständige Stellung der Blätter am Stängel. Die eiförmigen bis breit lanzettlichen, kahlen Blätter haben einen glatten Rand und zeigen jetzt schon ihre leicht blaugrüne Färbung. Erscheinen zu viele Sämlinge, so können Sie sie nun ganz leicht entfernen. Bei zu dichtem Stand ausdünnen.

STECKBRIEF

BOTANISCHER NAME: *Centranthus ruber* (Baldriangewächse)

LEBENSFORM: mehrjährig

BLÜTEZEIT: Mai bis Juli

HÖHE: 30 bis 80 cm

VORKOMMEN: Parks, Gärten, selten an Mauern, auf Bahnschotter

STANDORT: sonnig; trockener bis mäßig trockener, nährstoffarmer, durchlässiger Boden

DIE ROTE SPORNBLUME EIGNET SICH AUCH ALS SCHNITTBLUME FÜR DIE VASE.

NACH 7 WOCHEN

FALTERBESUCH

Im Sommer besuchen gern die Taubenschwänzchen die Blüten der Spornblume. Wie ein Kolibri, mit dem sie gern verwechselt werden, schwirrt dieser recht große Schmetterling mit kräftigem Körper von Blüte zu Blüte. Vor den Blüten bleibt er in der Luft stehen, entrollt seinen langen Saugrüssel und saugt Nektar aus den dünnen Blütenröhren. Ein Genuss, diesen Schmetterling zu beobachten!

NACH 7 WOCHEN

Über dem blaugrünen Laub der strauchartig wachsenden Pflanze erheben sich die üppigen Blütenrispen. Sie stehen an langen, wenig verzweigten Stängeln, an denen die länglichen Blätter mit herzförmigem Grund sitzen. Die Blütenrispen bestehen aus sehr vielen karminroten, bei Sorten auch weißen Blüten. Jede der stieltellerartigen Blüten mit der etwa 1 cm langen, dünnen Röhre und der ungleichmäßig fünfzipfeligen Krone trägt einen 4 bis 7 mm langen, dünnen Sporn. Vor allem langrüsselige Hummeln, Bienen und Schmetterlinge (auch Nachtfalter), aber auch Schwebfliegen besuchen die nektarreichen, pollenhaltigen Blüten. Wenn Sie im Juli nach der ersten Blüte die Pflanze leicht zurückschneiden, kommt es zur Zweitblüte, die bis in den Herbst hinein dauert. Aus den bestäubten und befruchteten Blüten entwickeln sich Früchte mit federig verzweigten Flughaaren, die vom Wind verbreitet werden.

Die genügsame Rote Spornblume ist eine dankbare Staude für sonnig-warme Stein- und Steppengärten, Mauern, trockene Böschungen, Dachgärten und Pflasterfugen, die über eine lange Zeitdauer unermüdlich blüht. In kleinen Gärten kann sie durch reichliche Selbstaussaat etwas lästig werden – wenn Sie Abgeblühtes regelmäßig entfernen, kommt es nicht zur Samenbildung.

Die Rote Spornblume enthält Valepotriate, die bei Schlafstörungen, Nervosität und Angstzuständen beruhigend und ausgleichend wirken. Der Gehalt an diesen Wirkstoffen ist höher als der in Arznei-Baldrian. Dennoch wird nicht die Spornblumenwurzel direkt als Heilpflanze eingesetzt, sondern diese Wirkstoffe werden aus der Wurzel isoliert. Nicht selbst anwenden!

Vergissmeinnicht

Dieses hübsche Vergissmeinnicht gehört zwar zur Unkrautflora an Wegrändern und auf Feldern, kann im Garten aber ruhig zierend gedeihen.

NACH 4 WOCHEN
Das Acker-Vergissmeinnicht unterscheidet sich von anderen Arten vor allem durch die auffallend kleinen Blüten, die in einer einseitswendigen Blütentraube stehen. Diese ist zunächst eingerollt und streckt sich mit den aufblühenden, anfangs rötlich überhauchten Blütchen. Die 2 bis 3 mm großen Blüten bestehen aus fünf Kronblättern, der Kelch ist mit abstehenden, hakigen Haaren besetzt.

FRISCH GEKEIMT
Von Frühjahr bis weit in den Herbst hinein können die Samen des Acker-Vergissmeinnichts keimen. Zeitig im Jahr keimende Pflanzen blühen im selben Jahr, im Herbst keimende blühen erst im Folgejahr. Schon kurz nachdem sich die ersten länglich lanzettlichen Blätter entfaltet haben, verzweigt sich der aufrechte Stängel. Dieser trägt ovale bis länglich eiförmige Blätter, die stiellos sind.

STECKBRIEF

BOTANISCHER NAME: *Myosotis arvensis* (Raublattgewächse)

LEBENSFORM: ein- oder zweijährig

BLÜTEZEIT: April bis September

HÖHE: 10 bis 40 cm

VORKOMMEN: häufig; auf Getreidefeldern, brachliegenden Flächen, Höfen, an Wegrändern, in Gärten

STANDORT: sonnig; frischer, nährstoffreicher Boden

VERBLÜHTE VERGISSMEINNICHT VERLIEREN AN SCHÖNHEIT UND KÖNNEN ENTFERNT WERDEN, DENN DANN HABEN SIE SCHON IHRE SAMEN VERBREITET.

ÄHNLICHE ARTEN

In Mitteleuropa gibt es über zehn verschiedene Vergissmeinnichtarten. Von diesen kommt im Garten auch noch das Wald-Vergissmeinnicht (*M. sylvatica*) mit deutlich größeren Blüten und längeren Fruchtstielen vor. Im nichtblühenden Zustand kann das Acker-Vergissmeinnicht (wechselständig) mit dem Quellen-Hornkraut (*Cerastium fontanum*, gegenständig) verwechselt werden – achten Sie auf die Stellung der Blätter.

NACH 7 WOCHEN

Alle Pflanzenteile des Acker-Vergissmeinnichts sind grau behaart. Die lockere, mit kleinen Blüten besetzten traubig-wickeligen, blattlosen Blütenstände an den Stängelenden haben sich nun gestreckt. Die Blüten sind jetzt hellblau bis weißlich. Jede der trichterförmigen Blütchen hat im Zentrum einen Ring aus gelben, unbehaarten Schlundschuppen – diese schützen nicht nur Nektar und Pollen vor Nässe und Regen, sondern weisen den bestäubenden Insekten auch den Weg. Verschiedene Mücken und Fliegen, kleine Wildbienen und Schmetterlinge gehören zu den Blütenbesuchern. Bleiben diese aus, so bestäuben sich die Blüten selbst. Aus den Blüten entwickeln sich vierteilige Spaltfrüchte. Sie werden von dem Kelch umschlossen, dessen hakige Haare leicht an Tierfell oder Kleidung hängen bleiben und so verbreitet wird. Im Boden bleiben die Samen über viele Jahrzehnte keimfähig.

Wegwarte

An sonnigen Sommertagen öffnen sich von frühmorgens bis um die Mittagszeit die himmelblauen Blüten der Wegwarte.

FRISCH AUSGETRIEBEN

FRISCH AUSGETRIEBEN

Wenn die ersten Blätter der Wegwarte austreiben, kann man die Verwandtschaft mit dem Chicorée erahnen: Diese ersten grundständigen Blätter haben eine glatte Oberseite und einen schrotsägeähnlichen Blattrand. Da die Wegwarte zu einer recht lichten Pflanze mit herrlich blauen Blüten heranwächst und niemals lästig wird, können Sie sie, wenn sie in Ihren Garten eingezogen ist, einfach gedeihen lassen.

NACH 4 WOCHEN

Nach und nach treiben immer mehr Laubblätter aus der Blattrosette aus, die etwas an Löwenzahn erinnern. Typisch für die Wegwarte ist der große, nicht eingeschnittene Endabschnitt des Blattes.
Vor der Blüte können Sie die Blätter für Salate ernten, da ist der Gehalt an Bitterstoffen noch nicht so hoch.

NACH 4 WOCHEN

STECKBRIEF

BOTANISCHER NAME: *Cichorium intybus* (Korbblütengewächse)

LEBENSFORM: mehrjährig

BLÜTEZEIT: Juli bis Oktober

HÖHE: 30 bis 150 cm

VORKOMMEN: verbreitet; an Straßen- und Wegrändern, Bahndämmen, auf kalkreichen Öd- und Schuttflächen

STANDORT: sonnig; eher trockener, nährstoffreicher Boden

MIT GEÖFFNETEN BLÜTEN IST DIE WEGWARTE EINE AUFFÄLLIGE PFLANZENERSCHEINUNG, AN TRÜBEN, REGNERISCHEN SOMMERTAGEN FÄLLT SIE MIT GESCHLOSSENEN BLÜTEN KAUM AUF.

NACH 3 MONATEN

AB SEPTEMBER

GEMÜSE-VERWANDTE

Die Wurzelzichorie wurde ab dem 18. Jahrhundert als Kaffeeersatzpflanze angebaut, heute erlebt sie wieder einen Aufschwung. Als Bauern damals die Zichorienwurzeln im Herbst einschlugen, entdeckten sie im Winter die austreibenden Schösslinge, die heute als Chicorée zu Salat und Gemüse zubereitet werden. Auch die leicht bitteren Radicchio, Zuckerhut und Endivie gehören in die Verwandtschaft der Wegwarte.

NACH 3 MONATEN

Über der grundständigen Rosette aus bis zu 7 cm breiten und 25 cm langen Blattern erheben sich bald die aufrechten, mit Milchsaft gefüllten, sparrigen Triebe, die spärlich mit lanzettlichen Blättern besetzt sind. Seitlich und an den Enden öffnen sich morgens um 6 Uhr die bis zu 5 cm großen, blauen Blütenkörbchen. Sie folgen der Sonne und schließen sich schon wieder um die Mittagszeit, an trüben Tagen auch etwas später. Jede der gestielten oder sitzenden „Blüte“ sieht wie eine Einzelblüte aus, ist in Wirklichkeit aber eine Körbchenblüte, die aus vielen fünfzipfeligen himmelblauen, manchmal auch weißen Zungenblüten besteht. Die Blüten bieten reichlich Nektar und Pollen an – daher stellen sich viele Blütenbesucher, wie verschiedene Bienen, Schwebfliegen und andere Insekten, ein. Die bis zu 3 mm langen Schließfrüchte (Achänen) landen in der Umgebung und keimen zu neuen Pflanzen.

Wegwarten enthalten neben vielen Vitaminen und Mineralstoffen auch reichlich Bitterstoffe, deren Gehalt im Lauf des Sommers zunimmt. Diese Bitterstoffe fördern die Verdauung und regen den Appetit an, sie wirken positiv auf Magen, Darm, Leber und Galle und lindern Blähungen und Völlegefühl. Daher ist Wegwarte in vielen Leber- und Gallentees enthalten. Nicht nur die Blätter, auch die Blüten schmecken eindeutig bitter, Sie können sie unter Kräutertee mischen. Die frische kräftige, fleischige Wurzel (siehe Foto), die die Wegwarte tief im Boden verankert, können Sie ab September ernten, sie wird als Wildgemüse zubereitet. Sie wurde vor allem im 2. Weltkrieg als Kaffee-Ersatz (Zichorienkaffee, Muckefuck) geröstet.

Noch mehr Pflanzen

Auf den nächsten Seiten finden Sie weitere Pflanzen, deren erste Blätter länglich sind. Die römischen Ziffern in den Bildern geben die Blütemonate an.

Acker-Senf

Sinapsis arvensis

Mit dem Ackerbau kam der Acker-Senf nach Mitteleuropa, er zeigt Lehmboden an. Kohlweißlingsraupen fressen seine Blätter, seine Samen keimen auch nach 50 Jahre Ruhe im Boden noch aus.

Beinwell

Symphytum officinale

Beinwell zeigt stickstoffhaltige Böden an. Wurzeln, Kraut und Blätter werden bei Knochenbrüchen und Verstauchungen eingesetzt, allerdings wegen enthaltener Giftstoffe (Pyrrolizidinalkaloide) mit Vorsicht.

Braunelle

Prunella vulgaris

Wegen ihrer klebrigen Früchte, die an Tierfüßen und Schuhsohlen haften bleiben, breitet sich diese heimische, bis zu 30 cm hohe Wildpflanze mit blauvioletten Blüten vor allem entlang der Wege aus.

Drüsiges Springkraut

Impatiens glandulifera

Beim Drüsigen Springkraut scheiden sich die Geister: Imker begrüßen die nektarreichen Blüten im Spätsommer, Naturschützer sehen sie als unerwünschten Neophyten: Verblühtes konsequent entfernen!

Eisenkraut

Verbena officinalis

Die blasslila Blüten dieser alten Heilpflanze (Wundkraut, Husten) sitzen locker an sehr langen Ähren, sie werden von Bienen bestäubt. Die Wurzel reicht an sonnigen, geschützten Standorten tief in den Boden.

Elfenbeindistel

Eryngium giganteum

Auf sonnig-kiesigen Flächen entfaltet diese Distel mit silbernem Laub und Blüten seine Pracht bis weit in den Herbst hinein. Die zweijährige Pflanze kam vor über 200 Jahren aus Vorderasien zu uns.

Flohknöterich

Persicaria maculosa

Diese einjährige heimische Pflanze wächst oft auf eher feuchten, nährstoffreichen Böden. Da die Samen über 30 Jahre keimfähig bleiben, sollten Sie die Blüten vor der Samenbildung entfernen.

Frühlings-Hungerblümchen

Draba verna, Erophila verna

Magere, trockene, sonnige Böden sind der typische Standort dieser einjährigen, oft unscheinbaren Pflanze, die im Frühjahr weiß blüht. Die zarten Blüten erheben sich über der Rosette aus kleinen Blättern.

Gartenmelde

Atriplex hortensis

Diese eingebürgerte Pflanze kann wie Spinat angebaut und verwendet werden, die Blätter (zierend die der roten Formen) wurden früher als Heilpflanze eingesetzt. Die Samen färben Stoffe grün.

Günsel

Ajuga reptans

Mit seinen oberirdischen Ausläufern dringt der Günsel gern auf Rasenflächen ein – lassen Sie ihn stehen, er verträgt das Mähen gut. Die kerzenähnlichen Blütenstände werden von Insekten besucht.

Hanf

Cannabis sativa

In manchen Futtermischungen für Gartenvögel sind Hanfsamen enthalten. Sie keimen im Garten. Da der Anbau von Hanf im Garten in Deutschland derzeit verboten ist, sind die Pflanzen zu entfernen.

Kanadisches Berufkraut

Conyza canadensis, Erigeron canadensis

Von Nordamerika aus hat sich die einjährige, bis zu 1 m hohe Pflanze bei uns ausgebreitet – in Fugen und an Wegrändern. Die Blätter sind essbar, der Tee wirkt gegen Durchfall. Auch Katzenschweif genannt.

Kartäuser-Nelke

Dianthus carthusianorum

Sonnig-warme, sandige Plätze sind der bevorzugte Standort dieser zarten Staude, die auch Steinnelke genannt wird. Sie wurde in Klostergärten gezogen und früher bei Muskelschmerzen verwendet.

Kleinblütiges Weidenröschen

Epilobium parviflorum

Diese zarte heimische Wildpflanze mit rosa Blüten, die dank hohem Nektar- und Pollengehalt von vielen Insekten besucht wird, wächst vor allem auf feuchteren Böden. Unproblematisch, bei Bedarf entfernen.

Kornblume

Centaurea cyanus

Diese hübsche zarte einjährige Blume liefert nicht nur reichlich Nektar für Bienen und viele andere Insekten, sondern besitzt essbare Blüten. Unbedingt im Garten fördern!

Maiglöckchen

Convallaria majalis

Im Halbschatten der Gehölze an sommerwarmen Standorten öffnet diese Staude im Mai bis Juni ihre duftenden Glockenblüten. Alle Pflanzenteile sind stark giftig. Richtig dosiert wirkt sie bei Herzschwäche.

Mondviole

Lunaria rediviva

Diese nachtduftende Staude lockt mit den duftenden lila Blüten Nachtfalter, aber auch Bienen und Pollen fressende Insekten an. Sie erreicht bis zu 1,4 m Höhe, wird auch Ausdauerndes Silberblatt genannt.

Natternkopf

Echium vulgare

Diese zweijährige, bis zu 90 cm hohe Wildblume mit den blauen, später roten Rachenblüten, ist eine wichtige Bienenpflanze, die auch von Schmetterlingen besucht wird. Unbedingt stehen lassen!

Raue Gänsedistel

Sonchus asper

An Wegrändern, in Gärten, auf Schuttplätzen und Äckern wächst diese heimische einjährige Pflanze mit den derben Blättern. Die rund 55 000 löwenzahnähnlichen Früchte sind wichtige Nahrung von Finken.

Traubige Graslilie

Anthericum liliago

Die weißen, duftenden Blüten dieser in sonnig-trockenen Eichen- und Kiefernwäldern heimischen Pflanze sitzen wie Sterne an den langen, blätterlosen Stängeln. Ihr gehört im Garten ein Ehrenplatz.

Vogelknöterich

Polygonum aviculare

Die einjährige Pflanze macht sich an Wegen, zwischen Pflastersteinen und aufgerissenen Wegbelägen breit, da ihre klebrigen Samen (Nahrung für Spatzen und Co.) über Schuhsohlen verbreitet werden.

Weißer Gänsefuß

Chenopodium album

Diese Pflanze mit den kleinen grünlichen Blüten kommt häufig in Gärten vor. Da sie sehr viele Samen bildet, kann sie sich stark ausbreiten und lästig werden. Ernten Sie die jungen Blätter als Wildgemüse.

Wilde Rauke

Diplotaxis tenuifolia

Die Blätter dieser mediterranen Pflanze duften beim Zerreiben ziemlich scharfwürzig, sie schmecken als Salat und auf Pizza. Ähnlich ist die ebenfalls essbare Garten-Senfrauke (*Eruca sativa*).

RUNDLICHE BLATTFORMEN

Erste Blätter mit rundlicher Form

In diesem Kapitel finden Sie verschiedene Pflanzen, deren Sämlinge rundliche Blätter besitzen – rundlich bedeutet, dass die Blätter ungefähr genauso breit wie lang sind.

RUNDLICH – WAS IST DAS?

Ovale, dreieckige, eiförmige, herzförmige, nierenförmige, rautenförmige, pfeilförmige, schildförmige, auch rundlich fiederteilige, gelappte und gespaltene Blätter haben eine eher rundliche als längliche Form. Wenn Sie unsicher sind, ob die ersten Blättchen eines jungen Pflänzchens tatsächlich rundlich sind, so schauen Sie sich zum Vergleich die Fotos der Pflanzen auf den linken Seiten in diesem Kapitel an.

BLÄTTER VERÄNDERN SICH

Ältere Blätter ausgewachsener Pflanzen zeigen oft etwas andere Formen als die ersten Laubblätter einer frisch gekeimten oder ausgetriebenen Pflanze. Sie werden oft größer, länger und derber, bekommen gekerbte, gelappte oder anders strukturierte Blattränder und stärker geaderte Blattflächen. Diese älteren Blätter sind nicht für die Zuordnung der Pflanzen in dieses Kapitel mit der Blattform RUNDLICH geeignet.

Franzosenkraut

Das aus den Anden stammende Franzosenkraut ist heute eines der häufigsten Unkräuter auf Feldern und Äckern in der ganzen Welt.

STECKBRIEF

BOTANISCHER NAME: *Galinsoga parviflora* (Korbblütengewächse)

LEBENSFORM: einjährig

BLÜTEZEIT: Mai bis Oktober

HÖHE: 10 bis 60 cm

VORKOMMEN: häufig auf Feldern, Schuttplätzen, an Straßenrändern

STANDORT: sonnig bis halbschattig; lockerer, humus- und nährstoffreicher, möglichst kalkarmer Boden

NACH 3 – 4 WOCHEN

NACH 6 WOCHEN

NACH 3 BIS 4 WOCHEN

Auf offenen Bodenstellen können die Früchte des Kleinblütigen Franzosenkrauts ganzjährig keimen. Dann erscheinen dicht an dicht die Sämlingspflanzen mit den eiförmigen, vorne zugespitzten, deutlich geaderten Blättern, die gegenständig an den kahlen runden, stark verzweigten Stängeln stehen. Die Blätter mit dem milden Geschmack sind essbar. Das Franzosenkraut hat seinen Namen, weil es Ende des 18. Jahrhunderts im Botanischen Garten in Paris wuchs und durch die Feldzüge Napoleons in Europa verbreitet wurde. Der Gattungsname *Galinsoga* weist auf den Leibarzt der Königin und Intendanten des Königlichen Gartens in Madrid (Mariano Martinez Galinsoga) hin. Die knopfähnlichen Blüten gaben der Pflanze seinen zweiten Namen: Knopfkraut.

NACH 6 WOCHEN

Die kleinen Blütchen erinnern ein wenig an gerupfte Gänseblümchenblüten. Sie bestehen innen aus unzähligen gelben Röhrenblüten, die lückenhaft von weißen dreizipfeligen Zungenblüten umgeben sind. Spätestens jetzt im blühenden Zustand sollten Sie die Pflanzen mit der Hand herausziehen, absammeln und auf dem Kompost entsorgen. Haben sich

DORT, WO DAS FRANZOSENKRAUT WÄCHST, IST DER GARTENBODEN HUMUS- UND NÄHRSTOFFREICH – DAS IST DOCH EIN GUTES ZEICHEN!

NACH 8 WOCHEN

VOM BEET AUF DEN TELLER

Blätter, junge Triebe und Blüten der beiden Knopfkräuter haben einen milden Geschmack. Sie eignen sich roh für Salate, Smoothies, Wildkräuter-Brotaufstriche und zum Dekorieren von Speisen. Gekocht sind sie als spinatähnliches Wildgemüse, in Aufläufen oder Suppen zu verwenden. Da die Pflanzen sehr wuchsfreudig sind, können Sie sie fortlaufend von April bis in den Herbst hinein ernten.

schon Früchte gebildet, geben Sie die Pflanzen in den Hausmüll, um ein weiteres Aussamen der im Garten unbeliebten Pflanze zu unterbinden.

ZUM VERWECHSELN ÄHNLICH

Das aus Mexiko stammende Behaarte Franzosenkraut oder Knopfkraut (*G. ciliata*, Foto oben) taucht häufig zusammen mit dem Kleinblütigen Franzosenkraut auf. Deutliches Unterscheidungsmerkmal sind nicht nur die breiteren Blätter, sondern vor allem die deutliche Behaarung von Blättern und Stängel. Auch diese Art sollte man unbedingt jäten, durch ihre noch größere Wuchsfreudigkeit bedrängt sie rasch Blumen, Kräuter- und Gemüsekulturen auf Beeten und Rabatten. Knopfkräuter ergeben gutes Futter für Weidevieh. Beide Arten bilden Zehntausende von Früchten mit je zwei Nüssen pro Pflanze, die noch im selben Jahr keimen, blühen und Samen bilden können – in günstigen Jahren gibt es sogar drei Generationen. Die Früchte sind mit Widerhaken besetzt, die an Schuhsohlen, Kleidung, Tierfell und -pfoten hängen bleiben und so verbreitet werden. Die Samen keimen in oberflächigen Bodenschichten (Lichtkeimer). Um das Keimen zu unterbinden, achten Sie auf ständige Bodenbedeckung durch Pflanzen oder Mulchen.

Gemeiner Frauenmantel

Weil die wunderschönen Blätter an den mittelalterlichen Schutzmantel von Frauen erinnern, gaben die Menschen dieser heimischen Wildstaude ihren Namen.

NACH 2 WOCHEN

Die nachfolgenden gefächerten Blätter bestehen aus bis zu elf Lappen, die einen zentralen „Trichter" bilden. Darin sammeln sich Tropfen. An luftfeuchten Tagen gibt die Pflanze am Blattrand überschüssiges Wasser als kleine mineralienreiche Tropfen ab. Der botanische Name Alchemilla bezieht sich auf diese Guttationstropfen, denn die Alchemisten benutzten sie, um Krankheiten zu behandeln.

KURZ NACH DEM AUSTREIBEN

Frauenmantel ist nicht mit anderen Pflanzen zu verwechseln, zu eindeutig und typisch sind seine gezähnten Blätter – auch die allerersten, die im Frühjahr erscheinen: sie sind fünflappig, fast kreisrund und bilden einen sanften „Trichter" zum Zentrum des gestielten Blattes hin. Deutlich erkennt man, dass die einzelnen Blattlappen in der Mitte gefaltet sind, sowie die teils flaumige Behaarung von Rand und Unterseite.

STECKBRIEF

BOTANISCHER NAME: *Alchemilla vulgaris* (Rosengewächse)

LEBENSFORM: mehrjährig, ausdauernd

BLÜTEZEIT: Mai bis September

HÖHE: 30 bis 50 cm

VORKOMMEN: recht häufig am Wald- und Wegrand, auf Wiesen und Weiden

STANDORT: sonnig bis halbschattig; auf leicht feuchten, humosen Böden

NACH 4 – 6 WOCHEN

AUS DEN BLÜTEN ENTWICKELN SICH KLEINE NÜSSCHEN, DIE DANK DER BEHAARTEN KELCHBLÄTTER AM FELL NASSER TIERE HÄNGEN BLEIBEN UND SO VERBREITET WERDEN.

WEICHER FRAUENMANTEL

Im Garten wächst oft der Weiche Frauenmantel *(Alchemilla mollis)*. Seine Blätter sind größer als die des Gemeinen Frauenmantels und samtig behaart. Auch der Blütenstand ist viel größer. Daher eignet er sich gut für Blumensträuße, besitzt aber keine Heilwirkung.

NACH 4 BIS 6 WOCHEN

Ab Mai öffnen sich die kleinen, grünlich gelben Blütchen in einer knäuligen Rispe an den Stängelenden. Sie verströmen einen feinen Honigduft und werden von verschiedenen Insekten besucht. Unterirdisch wächst ein kriechender Wurzelstock, den man im Herbst oder Frühjahr zur vegetativen Vermehrung teilen kann. Das Kraut enthält Gerbstoffe, Flavonoide, Karotinoide, Kumarine und Leukozyanidine – diesen Inhaltsstoffen verdankt es seine entzündungs- und blutungshemmende, schmerz- und juckreizlindernde Wirkung. Innerlich und äußerlich angewendet hilft es bei Frauenbeschwerden rund um Menstruation, Schwangerschaft, Geburt und Wechseljahre, bei der Heilung von Wunden und zur Reinigung der Haut. Junge Blätter schmecken noch nicht so bitter wie ältere: Sie können als Pesto zubereitet oder klein geschnitten Salaten beigefügt werden. Der beste Erntezeitpunkt von Blüten und Blättern ist morgens während der Blütezeit, wenn die Blätter ohne Tropfen sind. Sie werden frisch oder getrocknet verwendet.

Gemeiner Gundermann

Der Gundermann oder die Gundelrebe wächst oft dort, wo auf feuchtem, nährstoffreichem Boden auch Brennnesseln stehen.

FRISCH AUSGETRIEBEN
Die herz- bis nierenförmigen Blätter mit dem buchtig gekerbten Blattrand treten schon bei frisch gekeimten Pflänzchen, aber auch beim frischen Laubaustrieb im Frühjahr auf. Da der Gundermann mit bis zu 1 m langen Ausläufern am Boden kriecht, können bei älteren Pflanzenteilen diese Blätter auch rötlich bis violett überlaufen sein. Im Winter bleibt die bodennahe Blattrosette grün.

NACH 1 WOCHE
Dank des kriechenden Wuchses breitet sich der Gundermann rasch am Boden aus. Die schnurähnlichen Ausläufer bringen an den Stängelknoten Wurzeln hervor, sie verzweigen sich reichlich und bilden bald am Boden ein dichtes Gewirr oder hängen von Mauern herab. Die Blätter geben Hinweise auf den Standort: An sonnigen Stellen sind sie klein und recht hart, an schattigen, nährstoffreichen groß, weich und sattgrün.

STECKBRIEF

BOTANISCHER NAME: *Glechoma hederacea* (Lippenblütengewächse)

LEBENSFORM: mehrjährig, ausdauernd

BLÜTEZEIT: April bis Juni

HÖHE: 10 bis 40 cm

VORKOMMEN: verbreitet am Weg- und Waldrand, auf Wiesen, Weiden, Rasenflächen, am Rand von Hecken und Gebüsch

STANDORT: sonnig bis halbschattig; frischer bis nasser, nährstoffreicher lehmiger Boden

DER ARTNAME *HEDERACEA* ERINNERT AN DIE EFEUÄHNLICHEN BLÄTTER (BOTANISCHER NAME VON EFEU: *HEDERA*).

WICHTIGE BIENENWEIDE

Die Blüten enthalten Pollen und Nektar und sind für die früh im Jahr fliegenden Insekten eine wichtige Nahrungsquelle: Zu den Blütenbesuchern gehören Hummeln, Pelzbienen und andere Wildbienen, außerdem Wollschweber (ein Zweiflügler), Käfer und sogar manche Schmetterlinge.

NACH 3 WOCHEN

Die Blütentriebe erheben sich bis zu 30 cm in die Höhe – an ihnen erkennt man auch leicht, dass die Blätter stets zu zweit beisammenstehen und sich die Ausrichtung von Blattpaar zu Blattpaar um 90 Grad um den Stängel dreht (kreuzgegenständig). In den Achseln der Blätter dieser aufrechten Triebe stehen jeweils zwei bis drei kleine, hell- bis blauviolette Lippenblüten mit einem dunkleren Fleck auf der Unterlippe, die in einen röhrenförmigen Kelch führen. Manchmal wird der blühende Gundermann mit dem Kriechenden Günsel *(Ajuga reptans)* verwechselt, der gleichzeitig mit kompakten kerzenähnlichen Blütenständen aus dicht beieinanderstehenden blauen bis blauvioletten Lippenblüten blüht. Ein sicheres Unterscheidungsmerkmal ist der Duft: Wenn Sie die Blätter vom Gundermann zerreiben, verströmen sie einen strengen herb-würzigen Duft. Herb-würzig, leicht harzig ist auch der Geschmack der gerb- und bitterstoffhaltigen Blätter, sie regen der Stoffwechsel an. Verwenden Sie ein paar junge Blätter in Wildgemüse und klein geschnitten in Wildkräutersalaten, auch die Blüten sind essbar. Wenn Sie sich an Brennnesseln verbrannt haben, lindert der Saft aus zerriebenen Gundermannblätter den Schmerz.

Bei so viel guten Eigenschaften erübrigt sich fast der Hinweis, dass der Gundermann als hübscher Bodendecker eigentlich nirgendwo stört. Er schützt den Boden vor Wind, Hitze, Sonnenstrahlen, vor Austrocknen und Abtragen. Daher belassen Sie ihn einfach dort, wo er wächst: Um ihm notfalls Einhalt zu gebieten, können Sie die Ausläufer kürzen oder auch einfach herausreißen.

Kapuzinerkresse

Mit unglaublicher Wuchskraft sprießen innerhalb weniger Wochen aus den großen Samen meterlange Triebe mit großen Blättern und Blüten.

STECKBRIEF

BOTANISCHER NAME: *Tropaeolum majus* (Kapuzinerkressengewächse)

LEBENSFORM: einjährig

BLÜTEZEIT: Juni bis Oktober

HÖHE: 30 bis 300 cm, kriechend, hängend, rankend

VORKOMMEN: in Gärten

STANDORT: sonnig bis halbschattig; windgeschützt, nicht zu nährstoffreicher, feuchter, humoser Boden

NACH 1 BIS 2 WOCHEN

Mitte Mai 2 cm tief in den Boden gesteckt, erscheint bald darauf der Sämling mit den beiden rundlichen, dreilappigen Keimblättern, die ein wenig an eine Schäfchenwolke erinnern. Dem Stängel kann man schier zuschauen beim Wachsen, so schnell treibt er aus und bildet immer neue Blätter an langen Stielen. Kapuzinerkresse kann man auch ab Anfang März auf der Fensterbank vorziehen und ab Mitte Mai im Freien in Töpfe oder Beete auspflanzen.

Als schmackhafter, gesunder Bodendecker, der das Erdreich bis weit in den Herbst hinein vor den Unbillen des Wetters schützt, ist die Kapuzinerkresse überall im Garten willkommen – und sollte sie je stören, können Sie sie mit wenigen Griffen komplett entfernen, selbst wenn sie riesig groß geworden ist.

NACH 4 WOCHEN

Nun zeigen sich die typischen kreisrunden Blätter mit dem Stängel in der Mitte. Da der fleischige Stängel unermüdlich weiterwächst, breitet sich die Pflanze bald am Boden in einem Gewirr mit bis zu 10 cm großen Blättern aus – oder die Triebe hängen von Balkonkästen herab oder ranken dank der spiralig gewundenen Blattstiele an Gerüsten empor. Es gibt auch buschige Formen, die niedrig bleiben.

DIE KAPUZINERKRESSE BLÜHT SOGAR VERLÄSSLICH DORT, WO NIEMALS DIREKTE SONNE HINKOMMT – ZUM BEISPIEL AUF EINEM NACH NORDEN GERICHTETEN BALKON!

WAS TUN BEI BLATTLÄUSEN?

Kapuzinerkresse zieht Blattläuse an, vor allem an sonnigen Plätzen. Das freut viele Singvögel, die sich von Blattläusen ernähren, ebenso wie Marienkäfer, Florfliegen und Schwebfliegen. Diese Insekten legen ihre Eier an die Pflanze – haben Sie daher ein wenig Geduld, bis diese tierischen Helfer so richtig in Fahrt kommen. Der Kapuzinerkresse macht der Befall nichts aus. Ernten Sie nur die blattlausfreien Pflanzenteile und verzichten Sie auf den Griff zur „Giftspritze".

NACH 6 WOCHEN

Schon sechs Wochen nach der Keimung öffnen sich die ersten Blüten in leuchtenden Gelb-, Orange- und Rottönen. Mit bunten Blütenzeichnungen werden die bestäubenden Insekten (Hummeln, Honigbienen, Schmetterlinge) in den offenen Schlund zum nach hinten gerichteten, bis zu 3 cm langen Sporn geleitet. Aus den Blüten entwickeln sich die dreigeteilten, geriffelten Früchte. Wenn sie reif sind, fallen sie zu Boden – so sät sich die Kapuzinerkresse selbst aus. Die Kapuzinerkresse blüht unermüdlich und üppig bis zu den ersten Frösten, dann stirbt sie ab. Da sie aus den warmen Regionen im westlichen Südamerika stammt, verträgt sie keine Kälte.

Von Mai bis Oktober können Sie fortlaufend die Blätter und Blüten ernten. Sie schmecken würzig-kressescharf und enthalten reichlich Vitamin C für appetitanregende Salate, Quarkspeisen und Gemüsegerichte.

Dank der enthaltenen Senfölglykoside wirkt Kapuzinerkresse entzündungshemmend und wundheilend, für die äußerliche Anwendung pressen Sie den Pflanzensaft aus frischen Blättern oder verwenden eine Kapuzinerkressensalbe.

Knoblauchsrauke

An schattigen, nicht so trockenen Plätzen zeigt die recht hohe Knoblauchsrauke mit den kleinen weißen Kreuzblüten stickstoffsalzreiche Böden an.

NACH 1 BIS 2 WOCHEN
An der Basis bilden sich im Laufe des Frühlings weitere nierenförmige Blätter an langen Blattstielen – je nährstoffreicher der Standort, umso üppiger und dunkelgrüner wird das Blattwerk. Bald treiben aufrechte leicht vierkantige Stängel nach oben, die ganz andere Blätter tragen: Sie sind herzförmig bis dreieckig mit gezähntem Blattrand. Nach oben hin werden sie

FRISCH AUSGETRIEBEN
Schon im März erscheinen die Sämlinge der Knoblauchsrauke mit typisch nierenförmigen Blättern. Wenn Sie an diesen Blättern reiben, nehmen Sie den feinen Duft nach Knoblauch wahr. Die ganze Pflanze enthält Senfölglykoside, aber kein Alliin wie die Zwiebelgewächse Knoblauch oder Bärlauch. So ist die Knoblauchsrauke in der Küche ein feiner Ersatz für diese kräftigen Gewürzpflanzen.

STECKBRIEF

BOTANISCHER NAME: *Alliaria petiolata* (Kreuzblütengewächse)

LEBENSFORM: meist einjährig, auch zwei- und mehrjährig

BLÜTEZEIT: April bis Juni

HÖHE: 20 bis 100 cm

VORKOMMEN: am Weg- und Waldrand, unter Hecken, in Gärten und Parks

STANDORT: halbschattig bis schattig; feuchte Luft; nährstoffreicher, humoser, lockerer lehmiger Boden

DIE KNOBLAUCHSRAUKE IST DIE ÄLTESTE HEIMISCHE GEWÜRZPFLANZE, DIE SCHON VOR ÜBER 4000 JAHREN VON UNSEREN GERMANISCHEN VORFAHREN ZU SPEISEN VERARBEITET WURDEN.

ERSTE BLÄTTER MIT RUNDLICHER FORM

NACH 2 - 4 WOCHEN

RAUPE DES AURORAFALTERS

RAUPENFUTTER-PFLANZE

Für den Aurorafalter gehört die Knoblauchsrauke nach dem Wiesen-Schaumkraut zur wichtigsten Futterpflanze für die Raupen. Daher besuchen diese kleinen Tagfalter die Knoblauchsrauke nicht nur zum Nektartanken, sondern auch zur Ablage einzelner Eier an den Blütenstielen. Auch weitere Schmetterlingsraupen, wie etwa die vom Grünader-Weißling, fressen an diesem Wildkraut.

kleiner, damit auch die unteren Blätter vom Licht erreicht werden.

NACH 2 BIS 4 WOCHEN

Am Ende der langen, bis zu 1 m hohen Triebe erscheinen dicht an dicht kleine Blütenknospen in einer Traube, wie dieser Blütenstand botanisch heißt. Die 5 bis 8 mm großen Blüten mit den kreuzweise stehenden vier weißen Blütenblättern öffnen sich nacheinander. Wildbienen, Käfer, Schwebfliegen, Fliegen und Schmetterlinge besuchen die Blüten, denn sie gelangen leicht an den offen zugänglichen Nektar. Aus den Blüten entwickeln sich dünne, bis zu 7 cm lange Schotenfrüchte. Unreif grün verfärbt sich die reife Schote braun. Nach der Schotenreife vertrocknen die Pflanzen.

Lange war die Knoblauchsrauke in der Küche in Vergessenheit geraten, derzeit wird sie für die Wildkräuterküche wiederentdeckt. Von April bis Juni können Sie die komplette Pflanze ernten. Ältere Blätter werden hart, junge Blätter sind schmackhafter. Da sich der Geschmack nach Knoblauch beim Kochen und Trocknen verliert, sollten Sie die Knoblauchsrauke nur roh und frisch verwenden, beispielsweise in Quark und Frischkäse, in Salaten und auf Butterbrot. Mit den kleinen Blüten können Sie Salate und Speisen dekorieren, die dunklen Samen wie Pfeffer verwenden. Die Knoblauchsrauke besitzt auch Heilkräfte, die lange Zeit vergessen waren: Wenn man die Blätter zerreibt, lindert der Pflanzensaft den Juckreiz von Insektenstichen. Wie ein natürliches Pflaster können Sie die Blätter unterwegs dank der wundreinigenden und wundheilenden Wirkung benutzen, auch bei eiternden Wunden. Innerlich wirkt Knoblauchsrauke als Mundwasser gegen Zahnfleischentzündungen.

Löwenmäulchen

Löwenmäulchen sind typische Bauerngartenblumen, deren Blüten vielfältige Farbvarianten zeigen.

NACH 2 BIS 4 WOCHEN

Jetzt sind die Pflänzchen etwa 5 cm hoch. Nun ist ein guter Zeitpunkt, um – falls gewünscht – die jungen Löwenmäulchen an einen anderen Platz setzen. Dazu wählen Sie die stärksten aus, kürzen Sie die Wurzeln und auch die ganze Jungpflanze ein, um einen buschigen Wuchs zu fördern und setzen Sie die Pflanzen mit etwa 5 cm Abstand an den neuen Platz. Der Boden sollte stets feucht, aber nicht nass sein.

FRISCH GEKEIMT

An zusagenden Plätzen im Garten sät sich das Große Löwenmaul gerne von selbst aus. Dort erscheinen im Frühjahr die kleinen Keimpflanzen mit den zungenförmigen Keimblättchen, die sich gegenüberstehen. Die Keimblättchen und Stängel sind zart behaart, während die späteren Laubblätter – im Gegensatz zu den zart behaarten Stängeln und Kelchblättern – meist kahl sind.

STECKBRIEF

BOTANISCHER NAME: *Antirrhinum majus* (Braunwurzgewächse)

LEBENSFORM: : einjährig, an trockenen Standorten auch mehrjährig

BLÜTEZEIT: Juni bis September, manchmal sogar bis Dezember

HÖHE: 20 bis 50 cm, hohe Sorten bis zu 1 m

VORKOMMEN: in Gärten, zuweilen in Flusstälern und an Mauern verwildert

STANDORT: sonnig, auch halbschattig auf lockeren, kalkfreien Böden

EIN BISSCHEN BLÜTEN-BIOLOGIE

Haben Sie schon die gelben Flecken auf den Unterlippen entdeckt, die bis ins Blüteninnere reichen? Diese Flecken sind Blütenmale, die eine große Pollenmenge vortäuschen – und so Hummeln anlocken. Besonders stark reagieren Hummeln auf rote und rot gestreifte Blüten. Weisen die Streifen ins Zentrum der Blüte, so dienen sie den Hummeln als Leitlinien zu Pollen und Nektar.

NACH 2 BIS 3 MONATEN

Botaniker nennen die Blüte des Löwenmauls eine Maskenblume, denn die gaumenartige Unterlippe verschließt (= maskiert) den Eingang in die Blütenkrone. Der botanische, dem Griechischen entlehnte Gattungsname *Antirrhinum* spielt auf die Form der Blütenkrone an, die einer Nase ähnlich (anti = gleich, rhinos = Nase) ist. An vielen Tagen sind die Blüten recht weit geöffnet und erinnern wie im deutschen Pflanzennamen an ein wulstiges Löwenmaul. Und wenn eine Hummel ins Blütenmaul kriecht, scheint der Löwe sie tatsächlich zu verschlingen.

Seit dem 15. Jahrhundert wird das Große Löwenmaul kultiviert, heute gibt es von der beliebten Zierpflanze unzählige niedrige bis hohe Sorten. Aufgrund seiner tiefreichenden Wurzeln eignen sich die anspruchslosen Sommerblumen auch für Fugen, Kies- und Splittbeete. Sie ertragen Trockenheit und Hitze, nur stehende Nässe verzeihen sie nicht. Bis weit in den Herbst hinein blüht das Löwenmäulchen in nahezu allen Farben, außer in Blautönen, die Blüten mancher Sorten sind sogar zweifarbig. Die bis zu 30 lippenförmigen Blüten stehen in einem kerzenähnlichen Blütenstand am Ende der Stängel. Innerhalb des Blütenstands öffnen sich die Blüten nacheinander von unten nach oben.

Um die Bildung neuer Blüten zu fördern, entfernen Sie Verblühtes! Dann bilden sich allerdings keine Samen. Hohe Sorten (evtl. Pflanzstab setzen) eignen sich als Schnittblumen für die Vase – schneiden Sie dazu Blütenstiele, bei denen die untersten drei Blüten aufgeblüht sind.

Margerite

Im Garten verbreiten Margeriten Wiesen-Flair – die großblumigen Garten-Sorten sind standfester als die Wildart.

FRISCH AUSGETRIEBEN

FRISCH AUSGETRIEBEN

Zunächst erscheinen die ei- bis spatelförmigen, unregelmäßig gekerbten Blätter an langen Stielen in einer bodenständigen Rosette. Achten Sie nun besonders auf Schnecken, die sich gern über das frische Grün hermachen. Die Wiesen-Margerite vermehrt sich auch durch kurze Ausläufer. Jetzt, wenn sie beginnt auszutreiben, ist ein günstiger Zeitpunkt für die Vermehrung durch Teilung.

NACH 4 WOCHEN

Die aufrechten, eckigen Stängel treiben aus, sie sind meist kahl, manchmal auch behaart. Die lanzettlichen Blätter an den Stängeln sind grob gezähnt, nach oben zum Blütenstand hin werden sie immer kürzer. Die ersten Blütenknospen haben sich schon an den Stängelenden gebildet.

NACH 4 WOCHEN

STECKBRIEF

BOTANISCHER NAME: *Leucanthemum vulgare* (Korbblütengewächse)

LEBENSFORM: mehrjährig

BLÜTEZEIT: Juni bis Oktober

HÖHE: 20 bis 70 cm

VORKOMMEN: verbreitet; auf Wiesen, Feldern, Halbtrockenrasen, an Weg- und Autobahnrändern, in Wohnanlagen und Gärten

STANDORT: sonnig; nicht zu trockener, nährstoffarmer Boden

MARGERITEN SIND NICHT GIFTIG, EMPFINDLICHE MENSCHEN KÖNNEN ABER NACH HAUTKONTAKT ALLERGISCH REAGIEREN.

NACH 2 – 3 MONATEN

MARGERITEN-KÜCHE

Blätter, Knospen und Blüten der Margerite sind essbar. Pflücken Sie die jungen, zarten, etwas süßlichen Rosettenblätter vor der Blüte für Salate, Gemüse und Suppen. Die Blütenknospen schmecken roh, gekocht, in Öl gebraten oder eingelegt wie Kapern. Die ganzen Blüten oder nur die weißen Zungenblüten dekorieren Torten, Süß- und andere Speisen. Die gründlich gereinigten Wurzeln ergeben ein rübenähnliches Gemüse.

NACH 2 BIS 3 MONATEN

Margeriten sind beliebte Wiesenblumen, die auch in angelegten Blumenwiesen und auf Blumenbeeten gedeihen. Auf gemähten Rasenflächen bilden sie hübsche Inseln. Da sie sich auf nährstoffarmen Mähwiesen massenhaft vermehren (= wuchern) können, werden sie auch Wucherblumen genannt. Die meist einfachen, hin und wieder auch verzweigten, dann mehrköpfigen Stängel tragen nur wenige Blätter. Die Blütenköpfe mit den bis zu 25 weißen Zungenblüten und den 400 bis 500 gelben Röhrenblüten im Zentrum erreichen Durchmesser von 4 bis 6 cm. Drehen Sie den Blütenkopf um, so sehen Sie die dachziegelartig angeordneten Hüllblätter mit den schmalen, hellbraunen Rändern. Zu den Besuchern der nektarhaltigen Blüten gehören Bienen, Hummeln, Käfer, Schwebfliegen und Schmetterlinge, auch Schnecken können zur Bestäubung beitragen. Im Herbst reifen die kleinen Nussfrüchte heran, die keinen Pappus (Fallschirm) tragen. Die heimische Wiesen-Margerite bildet eine umfangreiche Artengruppe, deren einzelne Mitglieder sich sehr stark ähneln. Für den Garten gibt es zahlreiche Sorten, nah verwandt ist auch die Garten-Chrysantheme (*L. maximum*) mit größeren Blütenkörbchen. Die recht anspruchslosen Margeriten mögen keinen nassen Boden. Wenn Sie sie nach der Blüte kräftig zurückschneiden, blühen sie noch einmal bis in den Herbst hinein. Margeriten sind schöne Schnittblumen für die Vase. Sie enthalten dieselben Wirkstoffe wie die Echte Kamille, allerdings nur in geringen Mengen. Daher wurden sie früher bei Atemwegserkrankungen und zur Wundheilung eingesetzt.

Persischer Ehrenpreis

Dank der vielen himmelblauen Blütchen sind alle Ehrenpreise hübsche, zarte Wildkräuter im Garten.

NACH 2 WOCHEN

Schon bald verzweigt sich das Pflänzchen in alle Richtungen und die etwa 2 cm langen, grobgezähnten, hellgrünen Blätter treiben aus. Typisch für den Persischen Ehrenpreis sind niederliegende und aufsteigende, kraus behaarte Stängel, die dem Boden lose aufliegen und keine Wurzeln ins Erdreich bilden. An den Stängelenden entwickeln sich bald die kleinen Blütenknospen, die stets einzeln stehen.

FRISCH GEKEIMT

Der Persische Ehrenpreis stammt ursprünglich aus dem Kaukasus. Wenn die überwinternden Samen im Frühjahr keimen, erscheinen die ersten kleinen rundlichen bis nierenförmigen, manchmal auch ei- oder herzförmigen, matten, wenig behaarten Blätter an kurzen Stielen. Sie zeigen nährstoffreichen, lehmhaltigen Boden an. Wer keinen Ehrenpreis mag, kann sie jetzt leicht mit der Hand oder Hacke entfernen.

STECKBRIEF

BOTANISCHER NAME: *Veronica persica* (Wegerichgewächse)

LEBENSFORM: einjährig

BLÜTEZEIT: Januar bis Dezember

HÖHE: 10 bis 40 cm

VORKOMMEN: häufig; in Gärten und Weinbergen, auf eher kalkarmen Feldern, Schuttplätzen und an Wegrändern

STANDORT: sonnig; nährstoffreicher Boden

DA DER PERSISCHE EHRENPREIS VIELE SAMEN BILDET, KANN ER LÄSTIG WERDEN! ZUM EINDÄMMEN DIE KOMPLETTEN PFLANZEN AUS DEM FEUCHTEN BODEN STECHEN, BEVOR SIE BLÜHEN.

NACH 6 WOCHEN

ÄHNLICHE ARTEN

In unserer Kulturlandschaft ist der Persische Ehrenpreis eine der häufigsten *Veronica*-Arten. Der ähnliche heimische Feld-Ehrenpreis (*V. arvensis*) besitzt viel kleinere Blüten (nur 2 bis 4 mm groß) und viel kleinere, längliche Blätter im oberen blühenden Stängelbereich. Ebenso verbreitet ist der Efeublättrige Ehrenpreis (*V. hederifolia*), dessen etwa 6 mm große blaue Blüten einzeln am Ende langer Blütenstiele sitzen.

NACH 6 WOCHEN

Wie „Katzenäuglein", so der volkstümliche Name, leuchten die 8 bis 13 mm großen himmelblauen, dunkel geaderten vierzähligen Blütchen mit dem gelbweißen Schlund. Auch im Winter bleiben die grünen Blätter an den Stängeln und es öffnen sich sogar weitere Blüten. Die lange Blütezeit macht den Persischen Ehrenpreis zu einer besonders bienenfreundlichen Pflanze.

Die flachen Kapselfrüchte fallen auf, weil sie an langen Stängeln stehen. Sie öffnen sich bei feuchtem Wetter. Der Regen spült die Samen weg – sie bleiben im Boden über 30 Jahre lang keimfähig. Auch Ameisen tragen zur Verbreitung bei: Sie sammeln die Samen, beißen auf dem Weg zum Bau das an den Samen hängende nährstoffreiche Anhängsel ab und lassen den Samen einfach liegen.

Die Blätter, Blüten und Stängel schmecken in Salaten, dekorieren Speisen und ergeben einen vollmundigen Tee mit grasigem Aroma, das an Schwarztee erinnert.

Pfennigkraut

Mit seinen verzweigten Trieben kriecht das Pfennigkraut am Boden zwischen anderen Pflanzen entlang.

NACH 2 BIS 3 WOCHEN
Die Stängel kriechen unermüdlich bis zu 50 cm in alle Richtungen am Boden entlang und bilden stets neue Blattpaare. An den Knoten treiben Wurzeln ins Erdreich und können sogar neue Pflanzen bilden. Wer dem üppigen Wuchs Einhalt gebieten will, sollte schon jetzt einschreiten und einzelne Triebe entfernen. Für Salate eignen sich besonders die zarten Blätter, die Sie vor der Blüte ernten.

FRISCH AUSGETRIEBEN
Schon beim Austreiben zeigt sich der Charakter des Pfennigkrauts oder Pfennig-Gilbweiderichs: Am jungen kahlen Trieb bilden sich runde bis ovale, ganzrandige Blätter, die sich stets paarweise gegenüberstehen. Die Triebe liegen dicht dem Boden an und bewegen sich kriechend voran. Häufig entdeckt man die ersten Triebe vom Pfennigkraut kaum zwischen den anderen Pflanzen im Beet.

STECKBRIEF

BOTANISCHER NAME: *Lysimachia nummularia* (Primelgewächse)

LEBENSFORM: mehrjährig

BLÜTEZEIT: Mai bis Juli

HÖHE: 5 bis 10 cm

VORKOMMEN: verbreitet; auf feuchten Wiesen, Weiden, in Gärten, an Ufern, Gräben und Wegrändern, in Auenwäldern

STANDORT: sonnig bis schattig; offener, feuchter, nährstoffreicher Boden

DIE BLÄTTER VOM PFENNIGKRAUT SIND DRÜSIG ROT PUNKTIERT.

HEILKRÄFTIGES KRAUT

Flavonoide, Gerbstoffe und Saponine sind die heilwirksamen Inhaltsstoffe in allen Pflanzenteilen des Pfennigkrauts, die früher in der Volksheilkunde bei Husten, Durchfall und rheumatischen Beschwerden innerlich und äußerlich eingesetzt wurden. Für einen Tee übergießt man 1 Teelöffel getrocknetes Kraut mit einer Tasse kochendem Wasser. 10 Minuten abgedeckt ziehen lassen, dann absieben – zum Trinken und als Kompresse. Heutzutage ist das Kraut noch in einigen Fertigarzneien zur Behandlung von Wunden und Ekzemen enthalten.

NACH 7 BIS 8 WOCHEN

Das Pfennigkraut bildet hübsche, dichte Teppiche mit goldgelben, fünfzähligen Blüten, die einzeln oder zu zweit an langen Stielen in den Blattachseln stehen. Die Blüten enthalten keinen Nektar, sondern nur Pollen, der von Hummeln gesammelt wird. Dennoch bilden sich kaum Kapselfrüchte aus den Blüten. Daher verbreitet sich das Pfennigkraut vor allem über die langen Ausläufer, die sich auch gern mit anderen Pflanzen verweben. Im Herbst färben sich die etwa 2 cm x 2 cm großen Blätter nach und nach rötlich kupferbraun. Das Pfennigkraut wächst auch im Topf, dann hängen die langen Stängel wie ein hübscher grün-gelber Vorhang herab. Da das Pfennigkraut auch im Winter grüne Blätter trägt und gegen Schnecken resistent ist, eignet es sich als Bodendecker, vor allem für feuchtere Gartenbereiche am Teichufer. Es wächst sogar untergetaucht im Aquarium mit Wassertemperaturen unter 25 °C – günstigerweise entzieht es dem Wasser Nährstoffe und wirkt so Algenwuchs entgegen. Das robuste Pfennigkraut ist in Europa heimisch, ebenso wie der ähnliche, aber aufrecht wachsende, bis zu 1,2 m hohe Gewöhnliche Gilbweiderich (*L. vulgaris*). Seinen deutschen und den botanischen Artnamen (*nummularia* von lat. nummulus = kleines Geldstück) verdankt das Pfennigkraut der geldmünzenähnlichen Blattform. Die herben Blätter und säuerlichen Blüten des Pfennigkrauts sind essbar: klein geschnitten in Salat und Kräuterbutter, auch als Gemüse oder zum Dekorieren von Speisen.

Rainkohl

Äußerst vielfältig taucht der Rainkohl auf – klein in den Fugen von Bodenbelägen und am Mauerfuß oder groß im Gartenbeet.

NACH 4 WOCHEN

Die buchtig gezähnten Blätter mit dem großen leierförmigen Endlappen und den kleinen Blattlappen bilden eine bodenständige Blattrosette – typisch für Rainkohl. Auch jetzt können Sie die Pflanzen immer noch leicht entfernen, wenn es zu viele sind. Anders als die ähnlichen Gänsedisteln besitzt der Rainkohl keine Stacheln. Seit der jüngeren Steinzeit begleitet er die menschlichen Siedlungen, wo er genügend Stellen mit stickstoffreichem Boden antrifft.

FRISCH GEKEIMT

Nach den einfachen Keimblättern erscheinen die typischen leierförmigen, weichen, zart behaarten Blätter des Rainkohls, allerdings noch ohne kleine Lappen am Blattstiel. Da der Rainkohl offene Böden bevorzugt, tritt er in Gemüse- und Staudenbeeten häufig auf – dort können Sie ihn einfach herausreißen oder mit der Harke entfernen.

STECKBRIEF

BOTANISCHER NAME: *Lapsana communis* (Korbblütengewächse)

LEBENSFORM: einjährig oder mehrjährig

BLÜTEZEIT: Juni bis September

HÖHE: 30 bis 100 cm

VORKOMMEN: weit verbreitet; an Wald- und Straßenrändern, in Gebüschen, Gärten, auf Schuttplätzen, Feldern

STANDORT: halbschattig bis schattig; offener, nährstoffreicher, lockerer Lehmboden

BESONDERS LECKER SIND DIE KNOSPEN, WENN SIE SIE EINE WEILE IN DER SALATSAUCE ZIEHEN LASSEN.

NACH 3 MONATEN

ALTE GEMÜSEPFLANZE

Die bitteren Blätter würzen Salate, Suppen, Aufläufe und Quiches oder lassen sich zu einem spinatähnlichen Wildgemüse verarbeiten. Dazu ernten Sie die Blätter am besten vor der Blüte im März bis Mai. Durch Einlegen in warmem Wasser können Sie den Blättern einen Teil der Bitterstoffe entziehen. Auch die dekorativen Blüten und Knospen sind essbar.

NACH 3 MONATEN

Mit dem Austreiben der Blütenstängel verändert sich die Blattform: Zu den Blütenständen hin verlieren sich Leierform und Blattlappen, die Blätter werden immer einfacher, von eiförmig bis hin zu einer ungeteilten, länglich linealen Form. Die aufrechten, kahlen oder mit steifen Haaren besetzten Stängel verzweigen sich vielfach sparrig. An den Stängelenden bilden sich die länglichen Blütenknospen, die sich an schönen Tagen morgens öffnen. Die 1 bis 1,5 cm breiten Körbchenblüten bestehen aus bis zu 18 gelben Zungenblüten, die sich am späten Vormittag schon wieder schließen. An diesem Blühzyklus können Sie den erwachsenen Rainkohl gut erkennen. Bei trübem Wetter bleiben die Blüten geschlossen. Die Stängel sind mit einem weißen Milchsaft gefüllt, der an Verletzungsstellen austritt. Im Lauf des Sommers wächst der Rainkohl zu einer hohen, aufrechten Pflanze mit lockerem Wuchs heran. Die Korbblüten ähneln in ihrer Form denen der Wegwarte. Hin und wieder landen Insekten auf den nektarhaltigen Blüten, aber der Pflanze macht es nichts aus, wenn Bestäuber fehlen: Dann biegen sich die äußeren Zungenblüten einer Korbblüte so, dass sie die inneren Zungenblüten bestäuben. Der Fruchtstand besteht aus bis zu 18 länglichen Früchten, die keinen „Fallschirm“ (Pappus) wie etwa die vom Löwenzahn besitzen. Die reifen Früchte werden vom Wind oder beim Abstreifen von Tieren oder Kleidung ausgestreut. Auch Ameisen verbreiten die Früchte des Rainkohls. Um den Rainkohl einzudämmen, schneiden Sie ihn direkt nach der Blüte ab.

Sonnenblume

An fingerdicken Stängeln erheben sich die großen Blüten der Sonnenblume über alles, was im Garten wächst.

FRISCH GEKEIMT

FRISCH GEKEIMT

Unverwechselbar sind die frisch gekeimten Sonnenblumen mit den großen, fast rechteckigen, an den Ecken abgerundeten Keimblättern. Die Kultur der einjährigen Riesenblumen ist einfach und funktioniert nicht nur im Garten, sondern auch auf Baumscheiben und anderen Bodenstellen in der Stadt, auch im Kübel: Stecken Sie im Mai/Juni den Sonnenblumenkern fingertief ins Erdreich. Gut wässern.

NACH 2 WOCHEN

An den rau behaarten, aufrechten, nur wenig verzweigten Stängeln stehen die eiförmigen, später dreieckigen bis herzförmigen Blätter. Bald wird sich am Stängelende die Blütenknospe bilden. Es gibt eine große Vielfalt an Sonnenblumen-Sorten, die hohen Sorten brauchen einen windgeschützten Platz.

NACH 2 WOCHEN

STECKBRIEF

BOTANISCHER NAME: *Helianthus annuus* (Korbblütengewächse)

LEBENSFORM: einjährig

BLÜTEZEIT: Juli bis Oktober

HÖHE: je nach Sorten 40 cm bis zu 4 m

VORKOMMEN: in Gärten, Parks, im Straßengrün, auf Feldern, auch verwildert

STANDORT: sonnig; nicht zu trockener, nährstoffreicher Boden

RÖSTEN SIE GESCHÄLTE SONNENBLUMENKERNE OHNE FETT IN EINER PFANNE.

NACH 3 MONATEN

VERWANDTE ART

Topinambur (*Helianthus tuberosus*) ist nah mit der Sonnenblume verwandt und ebenso leicht zu kultivieren. Die kartoffelartigen Knollen an den unterirdischen Ausläufern haben ein artischockenähnliches Aroma und eignen sich als Gemüse. Sie werden wie Kartoffeln 5 bis 10 cm tief in den Boden gelegt und wachsen dann zu bis zu 3 m hohen Pflanzen mit gelben Blüten heran. Gute Bienenweide für große Gärten.

NACH 3 MONATEN

Die bis zu 40 cm im Durchmesser großen Korbblüten sind über viele Wochen geöffnet. Sie bestehen im Zentrum aus Hunderten bräunlichen, fruchtbaren Röhrenblüten, die von einem Kranz aus gelben bis bräunlichen unfruchtbaren, Zungenblüten umgeben sind. Diese Zungenblüten erhöhen die Attraktivität der Blüten und locken bestäubende Insekten an. Die nektar- und pollenreichen Röhrenblüten sind – auch wegen des späten und langen Blühtermins – eine wichtige Nahrungsquelle für Honigbienen, Hummeln und andere Wildbienen, auch für Schmetterlinge. Sonnenblumen richten ihre großen Blütenköpfe meist nach Osten aus. Im Knospenstadium sind die Blütenköpfe noch beweglich und wandern mit dem täglichen Sonnenlauf von Ost nach West. Wenn Sie die Sonnenblumenkerne ernten möchten, sollten Sie die nickenden Blütenköpfe nach der Blüte mit einem Netz bedecken – Grünfinken und Stieglitze fallen sonst schon über die noch grünen, milchreifen Kerne her und Sie gehen leer aus. Aus den fett-, eiweiß-, vitamin- und mineralienreichen Sonnenblumenkernen wird ein wertvolles Speiseöl gewonnen, sie schmecken roh oder geröstet zu Salaten, Joghurt, Quarkspeisen, Müsli, Suppen, Soßen, Gemüse- und Nudelgerichten sowie als Backzutat zu Brot und Gebäck. Mit den gelben Zungenblüten dekorieren Sie Speisen. Vögel lieben die Sonnenblumenkerne auch: Bieten Sie sie mit oder ohne Schale als Streufutter und in Fettknödeln an. Auch für Menschen sind Sonnenblumen heilkräftig: Das Öl ist in Haut-, Heil- und Wundsalben enthalten. Sonnenblumen stammen aus der südwestlichen USA und Nordamerika. Spanische Seefahrer brachten sie Mitte des 16. Jahrhunderts zusammen mit Mais, Bohnen und anderen Pflanzen nach Europa.

Stockrose

Die hohen Blütensäulen der Stockrosen, auch Stockmalve oder Rosenpappel genannt, bilden schöne Farbtupfer vor Zäunen und Mauern.

NACH 2 BIS 3 WOCHEN
Stockrosen wachsen rasch – und so zeigen sich schon bald die zahlreichen bodenbürtigen Blätter dieser Halbrosettenpflanze. Nun sind die Blätter nicht mehr rund, aber immer noch so lang wie breit, gelappt, manche haben sogar die Form von Feigenblättern. Im ersten Jahr erscheinen nur die Blätter, Stockrosen blühen erst im zweiten Jahr.

FRISCH GEKEIMT
Zuerst erscheinen die fast kreisrunden Blätter mit stark strukturierter Oberfläche, deutlichen Blattadern und schwach gekerbten Blatträndern an langen Stielen. Da sich die Stockrose an zusagenden Standorten gern selbst aussät, tauchen die Keimpflänzchen auch an Stellen auf, an denen sie nicht gesät wurden. Stockrosen sind schneckenresistent. Vorkultur im Haus ab April oder Direktsaat ins Freie ab Mitte Mai.

STECKBRIEF

BOTANISCHER NAME: *Alcea rosea* (Malvengewächse)

LEBENSFORM: zweijährig oder mehrjährig

BLÜTEZEIT: Juni bis Oktober

HÖHE: 1 bis 2,5 m

VORKOMMEN: in Gärten und Parks, stellenweise auch verwildert

STANDORT: sonnig, warm, windgeschützt; durchlässiger, nährstoffreicher Boden

UNGEFÜLLTE SORTEN BEVORZUGEN

Es gibt viele Zuchtformen mit einer großen Vielfalt an Blütenfarben, darunter auch solche mit gefüllten Blüten. Diese sehen zwar hübsch aus, sind aber wegen fehlendem Nektar und Pollen für Bienen und andere Insekten wertlos. Wählen Sie daher lieber Sorten mit einfachen Blüten – nur sie sind eine wertvolle Bienenweide!

NACH 15 MONATEN

Im zweiten Jahr bilden sich die hohen Stängel mit den weißen, gelben, rosa, purpurnen bis schwarzpurpurnen, 6 bis 10 cm großen Blüten in einem langen, ährenähnlichen Blütenstand. Die Staubblätter sind zu einer zentralen Säule verwachsen, die Griffel und Fruchtknoten umschließen – diese weit hervorragende Säule verleiht den Blüten der Malvengewächse ihr typisches satellitenschüsselähnliches Aussehen. Honigbienen, Hummeln und andere Wildbienen, Wollschweber, Wespen und Schwebfliegen besuchen gern die nektarreichen, pollenhaltigen Blüten, die sich auch selbst befruchten können. Dann entwickeln sich vielsamige Kapselfrüchte, die bei Reife in bis zu 40 Teilfrüchte mit je einem Samen verfallen.

Stockrosen machen sich besonders gut in Bauerngärten vor Zäunen, Wänden und Mauern, sofern es dort sonnig und warm genug ist. Trockenheit macht den Stockrosen wenig aus – vielleicht liegt das an der (vermutlichen) Herkunft aus dem eher trockenen südwestlichen Asien. Hohe Sorten freuen sich über eine Stütze.

Nur die Blüten sind essbar. Sie enthalten Schleimstoffe, die als Tee getrunken oder gegurgelt Husten und Heiserkeit lindern sowie bei Halsschmerzen und Entzündungen im Mund-Rachen-Raum helfen.

Die getrockneten Blütenblätter sind ohne besonderen Geschmack, sie verschönern auch Teemischungen. Früher wurden mit den Blüten Wein und Limonade oder Textilien aus natürlichen Materialien gefärbt – dazu eignen sich besonders die fast schwarzen, anthocyanhaltigen Blüten der Sorte ‘Nigra’. Je nach Vorbehandlung reicht die Farbpalette von Blau- oder Braunviolett über Schwarzblau bis Schwarz.

Taubnessel

Wie die Brennnessel bildet die Taubnessel gern große, dichte Bestände – spätestens an den Blüten erkennen Sie sie gut.

STECKBRIEF

BOTANISCHER NAME: *Lamium album* (Lippenblütengewächse)

LEBENSFORM: mehrjährig

BLÜTEZEIT: April bis Oktober

HÖHE: bis zu 50 cm

VORKOMMEN: verbreitet; Wegränder, Gebüsch, Schuttplätze

STANDORT: sonnig bis schattig; nicht zu trockener, frischer, nährstoffreicher Boden

FRISCH AUSGETRIEBEN

NACH 2 WOCHEN

FRISCH AUSGETRIEBEN

Schon die ganz jungen, frisch gekeimten oder ausgetriebenen Pflänzchen besitzen die typischen brennnesselähnlichen Blätter: Sie sind fein behaart, gezähnt, ei- bis herzförmig und stehen an Stielen kreuzgegenständig am markant vierkantigen Stängel, der zudem auffällige Längsrinnen trägt. Als attraktiver Bodendecker können Sie die Weiße Taubnessel ruhig wachsen und gedeihen lassen und ein Zuviel an Taubnessel lässt sich jederzeit einfach ausreißen. Diese heimische Wildpflanze breitet sich vegetativ durch Ausläufer aus, die ober- und unterirdisch angelegt werden. Um die unterirdischen Ausläufer zu entfernen, helfen Grabegabel, Grubber oder Hacke. Dasselbe gilt für die anderen verwandten *Lamium*-Arten.

NACH 2 WOCHEN

Taubnesseln bilden gern große, dichte Bestände. Im nichtblühenden Zustand unterscheidet sich die „taube" Nessel von der Brennnessel durch das Fehlen der langen Brennhaare auf Blättern und Stängeln. Bis Mitte Mai geerntet, können Sie aus den jungen Taubnesselblättern ein spinatähnliches Wildgemüse zubereiten oder sie roh in Salate mischen.

PFLÜCKEN SIE EINE BLÜTE UND PROBIEREN SIE DEN ZUCKERREICHEN NEKTAR, DEN SIE DIREKT AUSSAUGEN KÖNNEN.

NACH 5 WOCHEN

PURPURROTE TAUBNESSEL

NACH 5 WOCHEN

Ab April/Mai erscheinen die bis zu 3 cm großen, weißen Lippenblüten mit der helmartig gewölbten Oberlippe. Sie bilden mehrere Blütenetagen, denn sie stehen zu 6 bis 16 in einem Quirl in den Blattachseln der oberen Blätter. Während die Blätter beim Zerreiben einen unangenehmen Duft verströmen, riechen die nektar- und pollenhaltigen Blüten gut. Sie sind typische Hummelblumen, die den verhältnismäßig kräftig gebauten Insekten auf der breiten Unterlippe einen Landeplatz anbieten. Auch Schmetterlinge tanken Nektar, während Holz- und andere Wildbienen die Blüten nur zum Pollensammeln besuchen. Löcher am Blütengrund weisen darauf hin, dass hier kurzrüsselige Erdhummeln Nektar geklaut haben.

Die essbaren, süß schmeckenden Blüten dekorieren Salate, Quark, Vor- und Nachspeisen und ergeben einen beruhigenden, schlaffördernden Tee (Weiße Taubnessel) und feinen Sirup.

GROSSE VERWANDTSCHAFT

An Gebüschrändern bilden auch die verwandte Gefleckte Taubnessel (*L. maculatum*) mit tiefrosa Blüten von Mai bis September sowie die Goldnessel (*L. galeobdolon*, auch Gelbe Taubnessel genannt), mit gelben Blüten von Mai bis September dichte Bestände. Die tiefroten Blüten der Purpurroten Taubnessel (*L. purpureum*, Foto rechts) werden nicht nur von Hummeln, sondern auch von Honigbienen besucht; sie blühen von April bis September, manchmal sogar bis Dezember. Die Blüten und Blätter der verwandten Arten sind essbar.

Vogelmiere

Einmal im Garten, wird man sie kaum noch los. Nicht so schlimm: Vogelmieren sind hübsche, essbare Pflanzen mit sternförmigen Blüten.

NACH 2 WOCHEN

Die Stängel der jungen, sich verzweigenden Pflanze stehen nicht mehr aufrecht, sondern legen sich nun mehr oder weniger nieder. In den Blattachseln zeigen sich schon die ersten Blütenknospen, denn schon die jungen Vogelmieren blühen. Auch in diesem Zustand schmeckt noch das Kraut, bei älteren Pflanzen werden die Stängel dann zäh. Dann verwenden Sie nur noch die Blätter oder zerkleinern die Stängel.

FRISCH GEKEIMT

Die zarten, meist aufrechten Keimpflänzchen erscheinen das ganze Jahr über. Sie besitzen eiförmige Blätter, die in einer sanften Spitze auslaufen und gegenständig am runden Stängel stehen. Beim genauen Hinschauen entdeckt man eine Längsreihe Härchen auf den Stängeln. Wenn Ihnen die Vogelmiere lästig ist, dann ernten Sie jetzt die kleinen Pflänzchen für einen Salat.

STECKBRIEF

BOTANISCHER NAME: *Stellaria media* (Nelkengewächse)

LEBENSFORM: einjährig

BLÜTEZEIT: Januar bis Dezember

HÖHE: 5 bis 40 cm

VORKOMMEN: verbreitet; in Gärten, in Blumentöpfen, auf Feldern, Brachflächen, an Wegrändern, auch am Ufer, weltweit

STANDORT: sonnig bis schattig; sehr stickstoffreicher Boden

UM DIE AUSBREITUNG DER VOGELMIERE IM GARTEN EINZUDÄMMEN, GEBEN SIE DIE AUSGERISSENEN PFLANZEN NICHT AUF DEN KOMPOST, SONDERN IN DIE KÜCHE.

FEINER NUSSGESCHMACK

Das ganze Jahr über können Sie die Vogelmiere ernten und in Maßen roh als Salat und im Kräuterquark oder gekocht als Gemüse genießen. Die Triebe, Blätter und Blüten enthalten viel Kalium, Vitamin C, Kalzium und Magnesium. Sie regen die Verdauung und den Stoffwechsel an.

NACH 5 WOCHEN

In den Blattachseln erscheinen die kleinen weißen Blüten mit der sternförmigen Krone, der die Pflanzengattung ihren botanischen Namen verdankt (*Stellaria* von stellaris, lateinisch für sternförmig). Da die fünf Kronblätter in der Mitte gespalten sind, erscheinen sie wie zehn Kronblätter – das fällt auch bei der nah verwandten, großblütigeren Großen Sternmiere (*S. holostea*) auf. Zwischen den freien Kelch- und Kronblättern sind Nektar und Pollen leicht für Bienen, Wespen, Schwebfliegen, Käfer und andere Insekten erreichbar.
Das ganze Jahr über bildet die Vogelmiere viele Samen, die rasch keimen. Dadurch kann sich diese Pflanze stark und schnell ausbreiten – und gilt daher als lästiges Unkraut. Mit der Hand lässt sich die flach wurzelnde Vogelmiere aber leicht entfernen. Stechen Sie sie vor der Blüte mit einem Löwenzahnstecher aus oder hacken Sie sie weg. Die bodendeckende Wildpflanze hat jedoch auch einen großen Vorteil: Sie schützt den nackten Boden vor Auswaschung, Sonnenstrahlen, Hitze, Trockenheit und anderen auszehrenden Einflüssen. Bevor der Boden nackt und bloß daliegt, lassen Sie besser die Vogelmiere gedeihen. Ein Zuviel an Pflanzen können Sie als Gründünger in den Boden einarbeiten oder ernten und essen – und die Vogelmiere gilt sogar als Heilpflanze: Sie enthält Saponine, die für ihre schleimlösenden Wirkungen etwa bei Husten bekannt sind. Früher zerdrückte man in der Volksmedizin das frische Kraut zu einem Brei und legte ihn bei Hautausschlägen und -abschürfungen auf.
Von den Samen, die ganzjährig zur Verfügung stehen, ernähren sich verschiedene Feinkörnerfresser unter den Vögeln, etwa Stieglitze und andere Finken.

Windenknöterich

Diese kleine Kletterpflanze windet sich an allem empor, was sie erreichen kann – zarte Halme reißt sie sogar nieder.

FRISCH GEKEIMT
Schon an den frisch gekeimten Sämlingspflanzen erkennen Sie in dem sich schlangenförmig drehenden Stängel den windenden Wuchs der Pflanze. Die beiden Keimblätter sind spatelförmig einfach, das erste Laubblatt zeigt die typische spieß- oder pfeilförmige Blattform späterer Blätter. Beachten Sie auch den rot überlaufenen Stängel. Unbedingt jetzt schon jäten!

NACH 5 WOCHEN
Die rauen, kantigen Stängel mit den spieß-, pfeil- bis herzförmigen, bis zu 8 cm langen Blättern erfassen rasch jeden Halm, Zaundraht oder andere Hindernisse und klettern links- oder rechtswindend daran empor. Bekommen sie nichts zu fassen, so wachsen die Triebe zunächst kriechend am Boden entlang, bis sie ein Hindernis zum daran Emporklimmen gefunden haben. Bald darauf bilden sich die ersten Blütenknospen.

STECKBRIEF

BOTANISCHER NAME: *Fallopia convolvulus* (Knöterichgewächse)

LEBENSFORM: einjährig

BLÜTEZEIT: Juli bis Oktober

HÖHE: 15 bis 120 cm

VORKOMMEN: verbreitet; in Gärten, auf Feldern, Schuttplätzen und Brachflächen

STANDORT: sonnig bis halbschattig; lockerer, nährstoffreicher Boden

VERKOHLTE FRÜCHTE FAND MAN IN DÖRFERN DER JUNGSTEINZEIT – VIELLEICHT WURDEN SIE DAMALS WIE MEHLLIEFERNDES GETREIDE ANGEBAUT.

NACH 10 WOCHEN

ZUM VERWECHSELN

Solange der Windenknöterich noch nicht blüht, kann man ihn leicht mit der lästigen Acker-Winde (*Convolvulus arvensis*, siehe S. 108) und der Zaunwinde (*Calystegia sepium*) verwechseln. Die niemals rötlich überlaufene Acker-Winde erkennen Sie an der abgerundeten Spitze der spießförmigen Blätter, die älteren Blätter der Zaunwinde sind sattgrün, ohne rötliche Partien. Beide Windenarten sind Bienen- und Insektenweiden mit hübschen Blüten.

NACH 10 WOCHEN

Der Windenknöterich, auch Acker-Flügelknöterich genannt, wird klimmend kaum höher als 1,20 m. Nicht nur die Stängel, auch die Blätter sind rötlich, manchmal auch grünlich weiß überlaufen. Die unscheinbar weiß-grünen Blüten stehen in langen ährenartigen Blütenständen beisammen. Aus ihnen entwickeln sich bis zu 5 mm große, kurz gestielte Nussfrüchte, die mit dem Regenwasser oder mit der Getreidesaat verbreitet werden. Es gibt Hinweise, dass die Samen bis zu 20 Jahre lang ihre Keimfähigkeit behalten. Sie keimen meist im Frühjahr. In der Landwirtschaft, vor allem in Getreidefeldern, ist der Acker-Flügelknöterich ein sehr lästiges Unkraut, da er Getreide-, Hackfrucht-, Mais- und auch Beerenobstkulturen überwuchert, Erträge mindert und die Ernte erschwert – um die Verbreitung einzudämmen, sollte es auch im Garten entfernt werden. Das ist nicht so einfach, denn als Tiefwurzler findet die Pflanze nicht nur guten Halt im Boden, sondern erschließt sich bei Trockenheit auch tieferliegende Wasservorkommen im Boden.

Ähnlich ist der heimische, wüchsigere Hecken-Flügelknöterich (*F. dumetorum*), der in Hecken und Ufergebüschen wächst. Der stark wuchernde Schling-Knöterich (*F. aubertii*) wird auch im Garten als Kletterpflanze gepflanzt, er überzieht aber in Kürze Wände und Mauern mit einem dichten Pflanzenmantel, der zu ständigem Rückschnitt zwingt – verzichten Sie besser auf ihn! Der Japanische Knöterich (*F. japonica*) und der Sachalin-Knöterich (*F. sachalinensis*) gelten als invasive Pflanzen im Uferbereich von Gewässern, vor allem der Erstgenannte wurde als Viehfutter angebaut und zur Befestigung von Uferhängen eingesetzt.

Noch mehr Pflanzen

Auf diesen Seiten finden Sie weitere Pflanzen, die bei Keimung oder Austrieb zunächst rundliche Blätter haben. Die römischen Ziffern in den Bildern geben die Blütemonate an.

Acker-Gauchheil

Anagallis arvensis

Über solch ein hübsches Wildkraut freut man sich doch – es wird niemals lästig und lässt sich, falls es doch einmal stört, leicht entfernen. Früher nutzte man das Kraut für einen harntreibenden Tee und bei Husten.

Acker-Stiefmütterchen

Viola arvensis

Fast das ganze Jahr über wächst es an hellen Stellen im Beet, die hübschen Blütchen werden von Insekten besucht. Das Kraut lindert schuppige Haut und hilft bei Erkältungen, Kopf- und Halsschmerzen.

Acker-Winde

Convolvulus arvensis

An den pfeilförmigen und sich umeinanderwindenden Blättern gut zu erkennen. Ein standfester Bodendecker, nur schwer wieder loszubekommen. Von Anfang an durch Rausreißen im Zaum halten!

Bart-Nelke

Dianthus barbatus

Die Sorten dieser aus Osteuropa stammenden Nelkenart sind typische Bauerngartenpflanzen. An sonnigen Plätzen auf nährstoffhaltigem, durchlässigem Boden sät sie sich gern selbst aus, wird aber nicht lästig.

Borretsch

Borago officinalis

Mit den rau behaarten Blättern und den stahlblauen Blüten, beides sehr lecker in Salaten, ist diese einjährige Würzpflanze ein Hingucker im Garten. Sie zieht viele Insekten an, sät sich auch selbst aus.

Breit-Wegerich

Plantago major

Breite Blätter wie Schuhsohlen, die meist dort auftauchen, wo häufig gelaufen wird. Zumindest einen Teil davon belassen: Saubere Blätter dienen bei Blasen und wundgelaufenen Füßen als natürliches Pflaster.

Duftende Platterbse

Lathyrus odoratus

An Zäunen, Geländern und Rankhilfen klettert die zierliche, einjährige Duftwicke mit den weißen, rosa und blauen Blüten bis zu 3 m empor. Es gibt viele Sorten für den Garten.

Efeublättriger Ehrenpreis

Veronica hederifolia

Die behaarten Blättchen lassen schon ein wenig die namengebende efeuähnliche Blattform der ausgewachsenen Pflanze erkennen. Ehrenpreis kann geduldet werden, wird nicht lästig.

Feinstrahl

Erigeron annuus

Aus Nordamerika stammend hat sich diese einjährige Pflanze in den letzten 200 Jahren auf feuchten Wiesen und in Auen ausgebreitet. Die Blüten werden von Insekten besucht, die Samen von Finken verspeist.

Feldsalat

Valerianella locusta

Im eher trockenen, nicht zu nährstoffreichen Boden am vollsonnigen Platz sät sich der Feldsalat gern selbst aus – sofern wenigstens einige Pflanzen zum Blühen kommen durften.

Garten-Wolfsmilch

Euphorbia peplus

Das einjährige Wolfsmilchgewächs wächst auf nährstoffreichen lehmigen Böden; es zeigt basischen, kalkhaltigen Boden an. Die gelblichgrünen Scheinblüten haben Nektardrüsen, in den Stängeln fließt Milchsaft.

Gelber Lerchensporn

Pseudofumaria lutea, Corydalis lutea

Als Zierpflanze aus den Südalpen zu uns gekommen, bereichert er Mauerfugen und Treppenspalten an wintermilden Plätzen mit seinen gelben Blüten, die ununterbrochen von Mai bis Oktober blühen. Top-Pflanze!

Hohe Fetthenne

Sedum telephium

Im Herbst öffnen sich unzählige kleine Blüten in dem dichten Blütenstand dieser dickblättrigen Pflanze, die es in unzähligen Sorten gibt. Wichtige Nahrung für Hummeln, Fliegen und andere Insekten.

Huflattich

Tussilago farfara

Als eine der ersten Blüten erscheinen die gelben Korbblüten schon ab Februar und bieten Bienen, Käfern und Schwebfliegen wichtige Nahrung. Erst nach dem Verblühen entfalten sich die großen, weichen Blätter.

Kaukasus-Gemswurz

Doronicum orientale

Die anspruchslose Gemswurz öffnet im April und Mai ihre gelben margeritenähnlichen Blüten an langen Stängeln mit weichen Blättern. Ihre Heimat liegt im östlichen Mittelmeerraum.

Kaukasusvergissmeinnicht

Brunnera macrophylla

Die Blüten dieser robusten Staude erinnern an die des Vergissmeinnichts. Seine großen Blätter bedecken den Boden bis in den Herbst zuverlässig. Sie sät sich an feucht-schattigen Plätzen selbst aus.

Moschus-Malve

Malva moschata

Ähnliche Blätter wie die anderen Malven, aber mit buschigem Wuchs und duftenden essbaren Blüten. Die Triebe ergeben ein feines Gemüse. Alte Heilpflanze bei Atem- und Harnwegsleiden.

Nachtviole

Hesperis matronalis

Abends duften die nektarreichen Blüten nach Veilchen und locken bestäubende Nachtfalter an. Tagsüber erscheinen Tagfalter, Schwebfliegen, Bienen. Nahrungspflanze für verschiedene Schmetterlingsraupen.

Scharbockskraut

Ficaria verna, Ranunculus ficaria

Im Frühjahr blühen die gelben Blüten über den polsterbildenden Blättern, die viel Vitamin C enthalten – früher aß man die Blätter vor der Blüte vorbeugend gegen Skorbut. Ab Juni ist die Pflanze eingezogen.

Silberblatt

Lunaria annua

Schmetterlinge und Bienen besuchen die duftlosen violetten Blüten, die sich zu flachen Schotenfrüchten entwickeln. Wenn die Klappen abgefallen sind, bleibt ein silbernes „Blatt“ mit den Samen zurück.

Weg-Rauke

Sisymbrium officinale

Auf stickstoffreichen Böden am Weg- und Straßenrand wächst dieses Kreuzblütengewächs mit kleinen gelben Blüten an langen Stängelenden. Es enthält Senf- und herzwirksame Glykoside.

Wilde Malve

Malva sylvestris

Hier treibt eine Malve mit rundlichen, stark strukturierten Blättern aus, spätere Blätter sind herzförmig. Lassen Sie sie wachsen und freuen sich auf eine schöne Pflanze! Blüten für Tee ernten.

Zimbelkraut

Cymbalaria muralis

Es gedeiht als Wärmezeiger in warmen, etwas feuchten Mauerritzen. Schwebfliegen, Honig- und Wildbienen besuchen die kleinen lila Blüten. Die Vitamin-C-reichen Blättern erinnern geschmacklich an Kresse.

MEHRTEILIGE BLATTFORMEN

Erste Blätter sind mehrteilig

In diesem Kapitel finden Sie verschiedene Pflanzen, deren Sämlinge oder neu austreibende Blätter aus mehreren Blattteilen bestehen.

MEHRTEILIG – WAS IST DAS?

Ein mehrteiliges Blatt erkennen Sie sofort, denn die Blattspreite ist nicht flächig als längliche oder rundliche Form ausgebildet, sondern scheint aus vielen Teilen zu bestehen. Daher besitzen die Pflanzen in diesem Kapitel irgendwie geteilte Blattformen: Sie können handförmig gefingert, gefiedert, fiederteilig oder fiederspaltig sein. Blättern Sie einmal durch dieses Kapitel und schauen Sie sich die Blätter auf den linken Fotos an – dies alles sind mehrteilige Blätter.

BLÄTTER ENTWICKELN SICH

Meist sind die ersten mehrteiligen Blätter, die eine Pflanze bildet, noch recht einfach gebaut. Von Blatt zu Blatt, dass die Pflanze nachschiebt, können die Blätter verästelter oder noch mehrteiliger werden, sodass es mitunter recht große Unterschiede zwischen den ersten Laubblättern und den Altersblättern gibt.

Akelei

Die hübschen, grazilen Stauden blühen für kurze Zeit im Sommer und verschwinden dann wieder.

NACH 2 BIS 3 WOCHEN
Die jungen Pflanzen wachsen langsam. Sie bilden schon die typischen bläulich grünen Laubblätter, die wechselständig am Stängel stehen. Wenn Sie möchten, können Sie nun die stärksten Jungpflanzen auswählen und an andere Stellen im Garten verpflanzen. Da Akeleien feine Wurzeln besitzen, dürfen Sie sie nicht aus dem Boden herausziehen – verpflanzen Sie sie stattdessen mit einer blumentopfgroßen Portion Erde.

FRISCH AUSGETRIEBEN
Die Akelei bildet sehr viele feine Samen, die im Frühsommer überall im Garten keimen können. Am oft violett überhauchten Trieb öffnen sich zunächst die beiden rund-ovalen Keimblätter, kurz darauf das erste zusammengesetzte Laubblatt. Die kleinen Sämlinge sind sehr zart, viele von ihnen gehen ein, vor allem bei zu großer Trockenheit. Da Akeleien nicht lästig werden, lassen Sie die jungen Pflänzchen einfach wachsen!

STECKBRIEF

BOTANISCHER NAME: *Aquilegia vulgaris* (Hahnenfußgewächse)

LEBENSFORM: mehrjährig

BLÜTEZEIT: Mai bis Juli

HÖHE: 40 bis 80 cm

VORKOMMEN: in Gärten, wild in lichten Laubwäldern, Gebüschen, Hecken und auf Wiesen

STANDORT: sonnig bis halbschattig; frischer, humusreicher Boden

BIENEN LIEBEN DIE AKELEIBLÜTEN.

NACH 2 MONATEN

FORMENVIELFALT

Es gibt für den Garten weitere Akelei-Arten: An sonnigen Standorten gedeihen die heimische blaublütige Alpen-Akelei (*A. alpina*) und die ebenfalls heimische Schwarzviolette Akelei (*A. atrata*). Die nordamerikanische, besonders großblütige Langspornige Beet-Akelei (*A. caerulea*) gibt es in zahlreichen Sorten. Achten Sie beim Kauf von Saatgut und Jungpflanzen auf Akelei mit ungefüllten Blüten – gefüllte Blüten sehen zwar sehr attraktiv aus, bieten Insekten aber keine Nahrung.

NACH 2 MONATEN

Das Bild zeigt Pflanzen, die bereits einige Jahre alt sind, denn im ersten Jahr erreichen Akeleien noch nicht die volle Höhe und blühen auch nur wenig. Von Jahr zu Jahr wird der Austrieb kräftiger und es bilden sich mehr Blütenstängel, die sich hoch über den horstartig stehenden Blättern erheben. Die nickenden, glockenförmigen, gespornten Blüten enthalten reichlich Nektar und Pollen, der nur für langrüsselige Hummeln erreichbar ist. Honigbienen und andere Wildbienen sammeln dagegen nur den Pollen.

Nach dem Verblühen bilden sich längliche Balgfrüchte mit vielen kleinen schwarzen Samen, die sich leicht von selbst aussäen. Wachsen in Ihrem Garten Akeleien in verschiedenen Farben (v. a. weiß, rosa, blau) so entstehen jedes Jahr neue Farbmischungen. Wenn Sie nur bestimmte Blütenfarben wünschen, sollten Sie die Akeleien mit den unerwünschten Blütenfarben entfernen, bevor sie Samen bilden.

Beifuß

Das altbekannte Heil- und Küchenkraut wächst gern wild am Wegrand und auf brachliegenden Flächen.

NACH 3 WOCHEN

Die Sämlinge wachsen rasch und entfalten nach und nach die fiederteiligen oberseits dunkelgrünen, unterseits grauweißlich behaarten Blätter mit gezähnten Abschnitten und leicht stachelspitzigem Endabschnitt. Beim Zerreiben duften die Blätter schwach herb-aromatisch. Jetzt Triebspitzen ernten! Das hochallergene Beifuß-Traubenkraut (S. 148) hat einen dunkleren Stängel und graufilzig behaarte Blätter und Blüten!

FRISCH AUSGETRIEBEN

Beifuß ist sehr vermehrungsfreudig. Eine große Pflanze bildet bis zu einer halben Million kleiner Nussfrüchtchen. Die ausgestreuten Samen keimen im Frühjahr innerhalb von ein bis zwei Wochen (Lichtkeimer). Schon die Sämlinge besitzen die fiederteiligen Blätter mit weißfilzig behaarter Unterseite. Belassen Sie nur ein paar Keimlinge, die anderen sollten Sie entfernen oder umpflanzen (wenn sie ca. 15 cm hoch sind).

STECKBRIEF

BOTANISCHER NAME: *Artemisia vulgaris* (Korbblütengewächse)

LEBENSFORM: mehrjährig

BLÜTEZEIT: Juli bis November

HÖHE: 60 bis 150 cm

VORKOMMEN: verbreitet; Wege, Schuttplätze, Brachland, Ufer, Gärten

STANDORT: sonnig bis halbschattig; trockener, durchlässiger, auch sandiger Boden

NACH 2 – 3 MONATEN

WEITERE ARTEMISIA-ARTEN

Wermut (*A. absinthium*) ist ein Halbstrauch, der reichlich giftiges Thujon und bitteres Absinthin enthält. Früher wurde aus Wermut der berühmte Absinth-Schnaps hergestellt. Estragon (*A. dracunculus*) wird als aromatisches Würzkraut für Salate, Steaks, Fisch- und Pilzgerichte und für die Sauce Bearnaise verwendet. Aus dem Mittelmeerraum stammt die Eberraute (*A. abrotanum*) – für heilkräftige Tees und würzige Geflügelgerichte.

MENSCHEN, DIE ALLERGISCH AUF BEIFUSS REAGIEREN, SOLLTEN UNBEDINGT ALLE SÄMLINGE UND AN ÄLTEREN PFLANZEN VOR DEM AUFBLÜHEN DIE BLÜTENRISPEN ENTFERNEN.

NACH 2 BIS 3 MONATEN

Die 3 bis 4 mm langen, aufrechten, unscheinbaren Blütenkörbchen (auf dem Foto noch im Knospenzustand mit geschlossener weißfilziger Hülle) stehen zu vielen in dichten Blütenrispen. Jedes Blütenkörbchen besteht aus gelblichen bis bräunlichen, stark duftenden Röhrenblüten, die vom Wind bestäubt werden. Die Pollen werden vor allem am Vormittag freigesetzt – sie können Heuschnupfen auslösen! Von den Blättern ernähren sich verschiedene Schmetterlingsraupen (z. B. Mönchfalter) und Vögel fressen die Nussfrüchtchen. Um den starken Vermehrungsdrang des Beifußes zu bremsen, können Sie verwelkte Blütenstände fortlaufend entfernen – auch wenn dann die Vögel den Kürzeren ziehen. Die Samen sind sehr langlebig und können noch nach Jahren keimen. Beachten Sie die starr aufrechten, rotbraunen Stängel.

Je sonniger der Standort, umso höher ist der Gehalt an ätherischen Ölen (Cineol, Campher, Thujon), die bitter schmecken. Sie wirken appetitanregend und verdauungsfördernd, vor allem nach dem Genuss sehr fetter Speisen. Mit den frischen oder getrockneten Triebspitzen, Blättern und Blütenknospenrispen – unbedingt vor dem Aufblühen ernten, da sie blühend bitter werden! – würzen Sie fette Braten, z. B. Gänsebraten, Bratkartoffeln, Fleisch-, Fisch- und Gemüseeintöpfe. Ein Beifuß-Kräuterschnaps hilft bei Völlegefühl. Beifußtee (1 bis 2 Teelöffel Beifußkraut pro Tasse, 10 Minuten ziehen lassen, ungesüßt trinken) lindert Verdauungsbeschwerden und Magenverstimmungen.

Erdrauch

Mit seinen filigranen blaugrünen Blättern und den zarten rosa-purpurnen Blüten ist der Erdrauch ein sehr hübsches Unkraut.

NACH 2 BIS 3 WOCHEN
Rasch wächst der Erdrauch heran. Wegen seiner blaugrünen Färbung, die ihn aus der Ferne rauchfarben erscheinen lässt, erhielt er seinen deutschen Namen. An den dünnen, stark verzweigten Stängeln sitzen wechselständig die doppelt unpaarig gefiederten Blätter. Wenn er nicht stört, lassen Sie den zarten Erdrauch gedeihen – sonst lässt er sich leicht entfernen: Ziehen Sie die Pflanze einfach mit der Hand aus dem Boden.

FRISCH GEKEIMT
Im zeitigen Frühjahr keimen die Samen des Erdrauchs. Zuerst erscheinen die beiden grasähnlich flachen, langen Keimblätter, dann entfalten sich die ersten gefiederten Laubblätter, die ein wenig an glatte Petersilienblätter erinnern. Wo der Gewöhnliche Erdrauch keimt, ist der Boden gut, locker und nährstoffreich – ideal für Gemüsekulturen und Blumenbeete.

STECKBRIEF

BOTANISCHER NAME: *Fumaria officinalis* (Erdrauchgewächse)

LEBENSFORM: einjährig

BLÜTEZEIT: Mai bis November

HÖHE: 15 bis 30 cm

VORKOMMEN: häufig; Felder, Schuttplätze, Gärten, Weinberge

STANDORT: sonnig bis halbschattig; lockerer, nährstoffreicher Lehm- und Sandboden

ÄHNLICHE SÄMLINGE

Die ähnlichen Sämlinge des nah verwandten Gelben Lerchensporns (*Pseudofumaria lutea*) treten in beschatteten Mauerspalten auf. Akelei und Weinraute besitzen ebenfalls blaugrüne, gefiederte Blätter: Die junger Akeleipflänzchen (*Aquilegia*, siehe Seite 114) sind weniger fein gefiedert, die der Weinraute (*Ruta graveolens*) besitzen ovale, lichtdurchscheinende Öldrüsen.

NACH 8 BIS 12 WOCHEN

Schon im Mai/Juni beginnt der Erdrauch zu blühen. Die Blütezeit reicht bis in den Herbst mit den ersten frostigen Nächten hinein. Die schlanken, rosa bis purpurfarbenen, knapp 1 cm langen Blüten sitzen zu vielen in Trauben an den Stängelenden. Honig- und Wildbienen besuchen die nektar- und pollenreichen Blüten, die sich aber auch selbst bestäuben können. Aus den Blüten entwickeln sich kleine, rundliche Nussfrüchte, die an der Spitze etwas eingebuchtet sind. Da sich die Blüten von unten nach oben öffnen, können Sie zeitgleich die ersten Früchte im unteren, geöffnete Blüten im mittleren und neue Blütenknospen im oberen Blütenstand entdecken. Der Erdrauch hat sich mit den menschlichen Siedlungen und dem Ackerbau verbreitet.

Erdrauch enthält in allen Pflanzenteilen schwach giftige Alkaloide wie Fumarin und Scoulerin, zudem Flavonoide, Bitter- und Schleimstoffe. Daher wurde er früher als Heilpflanze bei Gallen- und Lebererkrankungen verwendet. In der Phytomedizin werden Erdrauchpräparate nicht nur bei Gallenleiden, sondern auch erfolgreich gegen Ekzeme, Herpes und Schuppenflechte eingesetzt. Für eine Tasse Erdrauchtee 1 bis 2 Teelöffel Kraut mit heißem Wasser übergießen, 10 Minuten ziehen lassen – wirkt innerlich entzündungshemmend, verdauungsfördernd bei Verstopfung und nach dem Genuss fetter Speisen, und krampflösend auf den Gallengangschließmuskel, äußerlich als Auflage auf den betroffenen Hautpartien. Ernten Sie dazu das blühende Kraut von Mai bis August, nach sanftem Trocknen lichtgeschützt und aromadicht aufbewahren.

Gänse-Fingerkraut

Weil dieses alte Heil- und Küchenkraut vor allem auf nährstoffreichen Gänseweiden rund um Dörfer wuchs, kam es zu seinem deutschen Namen.

STECKBRIEF

BOTANISCHER NAME: *Potentilla anserina* (Rosengewächse)

LEBENSFORM: mehrjährig

BLÜTEZEIT: Mai bis August

HÖHE: 10 bis 20 cm

VORKOMMEN: verbreitet; Weg- und Straßenränder, Ufer, Park- und Rasenflächen, Felder, Weiden

STANDORT: sonnig bis halbschattig; feuchter, nährstoffreicher Boden

FRISCH AUSGETRIEBEN

Im Frühjahr treiben die vielpaarig gefiederten, langgestielten Grundblätter mit dem unpaarigen Endblättchen aus, die Blattränder sind deutlich gesägt. Wenn Sie genau hinschauen, entdecken Sie zwischen den Fiedern kleine Blättchen am Blattstiel. Die bis zu 20 cm langen, oberseits glatten Blätter entspringen einer bodenbürtigen Blattrosette. An Plätzen, die stark von Tieren oder Menschen begangen werden, liegt die Pflanze dicht dem Boden an. Da die einsamigen Nussfrüchte an Fußsohlen von Mensch und Tieren kleben bleiben, breitet sich das Gänse-Fingerkraut entlang der menschlichen und tierischen Wege aus. Die Pflanze zeigt verdichteten, nährstoffreichen Boden an. Da sie salzverträglich ist, wächst sie auch an Meeresufern und am Rand salzgestreuter Straßen.

NACH 2 BIS 3 WOCHEN

Typisch für das Gänse-Fingerkraut ist die weißlich seidig behaarte Unterseite der Fiederblätter. Bei Trockenheit weist die helle Unterseite der Blätter nach oben. Dadurch wird das Sonnenlicht reflektiert und der feine Haarbelag setzt die Verdunstung herab. Je nachdem, wie stark der Standort begangen wird, stehen die Blätter aufrecht oder liegen auf dem Boden.

DIE BIS ZU 3 CM GROSSEN FÜNFBLÄTTRIGEN BLÜTEN ERINNERN AN ERDBEERBLÜTEN.

NACH 6 WOCHEN

NACH 6 WOCHEN

Die gelben Blüten stehen einzeln an langen Stielen und sind nur an trockenen Tagen komplett geöffnet. Die nektar- und pollenhaltigen Blüten werden von Bienen und anderen Insekten besucht und bestäubt, sie können sich aber auch selbst bestäuben. Gänse-Fingerkraut bildet lange rötliche oberirdische Ausläufer, die an den Knoten dünne, pfahlähnliche Wurzeln tief in den Boden treiben. Dort entwickeln sich bald kräftige Tochterpflanzen, die ihrerseits neue Ausläufer bilden.

Wenn Sie nicht dankbar für diesen hübschen Bodendecker sind, sollten Sie die Ausläufer rasch und konsequent entfernen.

Die Blätter haben einen intensiven Geschmack und können sparsam für Salate und Gemüse verwendet werden – pflücken Sie sie jedoch nur von sauberen Plätzen fern von Straßen und Hunde-Gassi-Strecken. Aufgrund der typischen Blätter kann das Gänse-Fingerkraut nicht mit anderen Pflanzen verwechselt werden.

GERBSTOFFREICHE HEILPFLANZE

Dank des hohen Gehalts an Gerbstoffen lindert ein Tee aus Gänse-Fingerkraut (1 bis 2 Teelöffel Blätter und Blüten pro Tasse, 10 Minuten ziehen lassen) Durchfallerkrankungen. Bei krampfartigen Magen- und Darm-Beschwerden können Sie zu gleichen Teilen Pfefferminze oder Melisse unter den Tee mischen. Spülen und Gurgeln mit dem Tee hilft bei entzündeter Schleimhaut im Mund- und Rachenraum.

Giersch

Wer den Giersch einmal im Garten hat, wird ihn wegen seines hartnäckigen Wurzelwerks kaum wieder los – ihn zum Gemüse zu erklären ist das Beste.

FRISCH AUSGETRIEBEN
Mit zusammengeklappten, dreizählig gefiederten, glänzend hellgrünen Grundblättern treibt der Giersch im Frühjahr aus langen Ausläufern aus, die tief im Boden wachsen. Wenn Sie konsequent alle austreibenden Blätter entfernen, können Sie den Giersch schwächen. Die jungen Blätter kommen in die Küche (in Suppen oder Spinat).

NACH 2 WOCHEN

NACH 2 WOCHEN
Keine andere Pflanze in unseren Gärten besitzt derartige Blätter, die mit ihrer unsymmetrischen Form an Ziegenfüße (Zweitname: Geißfuß) erinnern und zudem würzig duften: Die frisch- bis gelbgrünen, spitz zulaufenden Teilblätter sind ziemlich groß, schmal länglich bis eiförmig mit fein gezähnten Blatträndern. Die Blätter stehen wechselständig am typischen dreikantigen, unbehaarten, markgefüllten Blattstiel.

FRISCH AUSGETRIEBEN

STECKBRIEF

BOTANISCHER NAME: *Aegopodium podagraria* (Doldenblütler)
LEBENSFORM: mehrjährig
BLÜTEZEIT: Juni bis Juli
HÖHE: 50 bis 90 cm (Blüte)
VORKOMMEN: verbreitet; in Gärten, Parks, feuchten Wäldern, am Waldrand und Gewässerufer
STANDORT: halbschattig; frischer, nährstoffreicher Boden

KANINCHEN UND MEERSCHWEINCHEN FRESSEN GERNE GIERSCHBLÄTTER.

NACH 3 MONATEN

NICHT VERWECHSELN!

Von giftigen Doldenblütengewächsen wie Hundspetersilie (*Aethusa cynapium*) und Geflecktem Schierling (*Conium maculatum*) können Sie den Giersch eindeutig am dreikantigen Blattstiel und seiner Geißfuß-Blattform unterscheiden. Der Hecken-Kälberkropf (*Chaerophyllum temulum*) besitzt rau behaarte, rotgefleckte Stiele. Diese Giftpflanzen riechen sehr unangenehm.

NACH 3 MONATEN

Über den dicht stehenden Blättern erheben sich im Sommer die langen, fast kahlen, wenig verzweigten, hohlen Blütenstiele. An deren Enden öffnen sich die Blütendolden, die aus 15 bis 25 Döldchen mit unzähligen kleinen weißen Blütchen bestehen. Fliegen, Käfer und Bienen besuchen die nektar- und pollenhaltigen Blütchen. Die trockenen Früchte sind kümmelähnlich und mit möhrenähnlichem Geschmack, sie würzen frisch oder getrocknet Salate und Speisen.

Giersch gilt als problematisches Wurzelunkraut, denn als ausbreitungsfreudige Pflanze bildet er lange, unterirdische Ausläufer (Rhizome), die große Flächen einnehmen können und kräftig austreiben. So neigt der Giersch dazu, große, dichte Bestände zu bilden.

Seinem Treiben ist kaum Einhalt zu gebieten – am erfolgreichsten können Sie dies tun, indem Sie ihn durch fortlaufendes, regelmäßiges Mähen schwächen. Abdecken mit Mulchfolie oder Pappe verhindert zwar das Austreiben, sieht aber unschön aus. Entfernen Sie in frisch angelegten Beeten so viele Wurzelstücke wie möglich. Das Bilden von Samen verhindern Sie durch konsequenten und rechtzeitigen Rückschnitt der Blütendolden.

Zum Glück haben die Blätter ein feines Aroma nach Möhren und Petersilie und enthalten reichlich Vitamin C; verwenden Sie die jungen Blätter und Blüten roh für Salate, Quark, Pesto, Aufstriche und Smoothies, ältere Blätter auch gekocht als spinatähnliches Wildgemüse, für Suppen und Eierspeisen. Gierschblätter aromatisieren auch Limonade und ergeben frisch oder getrocknet einen herb-würzigen, stoffwechselanregenden Tee. Ein Brei aus den zerquetschten Blättern lindert Hämorrhoiden.

Hirtentäschel

Das Hirtentäschel, ein einheimisches Wildkraut, blüht das ganze Jahr über, auch im Winter bei Schnee und Eis.

FRISCH GEKEIMT

NACH 2 WOCHEN

NACH 2 WOCHEN

Nun ist die typische Blattrosette des Hirtentäschels deutlich zu erkennen. Nach und nach erscheinen immer mehr der formenreichen schmal-lanzettlichen, oft gefiederten grundständigen Laubblätter. Sie können weiterhin fortlaufend die jungen Blätter ernten oder die ganzen Pflanzen mit der Hand ausreißen. Da Hirtentäschel recht zart wächst, können Sie es aber gut dulden – es wird nicht lästig.

FRISCH GEKEIMT

An den variantenreichen, bodenständigen, gestielten Keim- und ersten Laubblättern erkennen Sie das Hirtentäschelkraut: Sie sind eiförmig, schildförmig und fiederspaltig mit glattem oder gezähntem Blattrand. Jetzt können Sie schon die zarten Blättchen ernten für Wildsalat oder zu Tomaten aufs Butterbrot – vorausgesetzt die Pflänzchen wachsen auf sauberen Stellen ohne Hundekot und Autoverkehr.

STECKBRIEF

BOTANISCHER NAME: *Capsella bursa-pastoris* (Kreuzblütengewächse)

LEBENSFORM: ein- oder zweijährig

BLÜTEZEIT: Januar bis Dezember

HÖHE: 10 bis 70 cm

VORKOMMEN: verbreitet; auf Feldern, in Gärten, an Wegrändern, auf Schutt-, Brach- und Schotterflächen, in Pflasterritzen

STANDORT: sonnig; stickstoffreicher Boden

ZUM VERWECHSELN

Die Blätter in der bodennahen Blattrosette ähneln stark denen vom Löwenzahn (*Taraxacum officinale*). Verwechslungen machen aber nichts aus, denn auch der Löwenzahn ist essbar. Die Blüten und Früchte können mit denen des Acker-Hellerkrauts (*Thlaspi arvense*, S. 14) verwechselt werden, doch auch diese sind roh und gekocht essbar.

DIE FRÜCHTE ERINNERN AN DIE TASCHEN MITTELALTERLICHER HIRTEN – SO KAM DIE PFLANZE ZU IHREM NAMEN.

NACH 6 WOCHEN

Aus der Mitte der Blattrosette wachsen die langen verzweigten Blütenstängel mit pfeilförmigen Stängelblättern, die den Stängel mit zwei Zipfeln umfassen. An den Stängelenden bildet sich zunächst ein doldiger Blütenstand mit weißen Blütchen, der sich bald zu einer lockeren Traube auflöst. Die Blütchen bestehen aus vier kleinen grünen bis rötlichen Kelchblättern und vier kleinen weißen Kronblättern. Sie öffnen sich von unten nach oben. Kleinere Bienen und Schwebfliegen bestäuben die Blüten, die sich auch selbst bestäuben können. Während am Stängelende noch neue Blütenknospen entstehen, bilden sich von unten schon die ersten gestielten Schötchenfrüchte, die waagerecht abstehen. Unreife Schötchen sind eiförmig, reife Schötchen flach und dreieckig bis herzförmig, grün oder rötlich gefärbt. Jedes Schötchen enthält viele Samen – so kann eine einzelne Pflanze 15 000 bis 20 000 Samen bilden, die viele Jahre lang keimfähig bleiben. So entstehen pro Jahr mehrere Generationen, die letzte überdauert den Winter und blüht im kommenden Frühling.

Alle Pflanzenteile sind essbar: Die jungen Blätter schmecken kresseartig scharf für Salate, Wildgemüse und als Presssaft, ältere zunehmend bitter. Die ebenfalls scharfen Blüten und Samen würzen und dekorieren Salate, Käseplatten und andere Speisen. Im Winter können Sie die jungen Wurzeln mit ingwerähnlichem Aroma ernten. Hirtentäschelkraut enthält blutstillende Substanzen – daher wird es seit alters als blutstillendes Mittel eingesetzt, etwa bei Nasenbluten oder oberflächlichen Hautwunden.

Horn-Sauerklee

Die aus dem Mittelmeerraum stammende Pflanze wächst bei uns immer häufiger in Blumentöpfen, Pflasterfugen und Gärten.

NACH 1 BIS 2 WOCHEN
Nach und nach erscheinen die nächsten langgestielten Laubblätter, die wechselständig am Stängel stehen. Die einzelnen herzförmigen Teilblättchen besitzen ein basales Gelenk, an dem sie nachts oder bei Trockenheit heruntergeklappt werden. Der meist kriechende, selten aufrechtstehende Haupttrieb verästelt sich bald am Grund. Auch jetzt gilt: Annehmen oder Pflänzchen entfernen.

FRISCH GEKEIMT
Wenn die unzähligen Samen des Hornfrüchtigen Sauerklees keimen, erscheinen zunächst die beiden elliptischen Keimblätter, kurz darauf das erste Laubblatt mit einzelnen, feinen weißen Härchen an den Blatträndern: Es ist ein dreizählig gefingertes Blatt, das wie ein typisches Kleeblatt aus drei herzchenförmigen Teilblättern besteht. Hübsche Zierpflanze.

STECKBRIEF

BOTANISCHER NAME: *Oxalis corniculata* (Sauerkleegewächse)

LEBENSFORM: einjährig oder mehrjährig

BLÜTEZEIT: Juni bis September

HÖHE: 10 bis 20 cm

VORKOMMEN: hier und da, in Gärten, Blumentöpfen, Pflasterfugen, im Rasen, auf Wegen und Friedhöfen, auf eher saurem Boden

STANDORT: sonnig bis halbschattig, lockerer, humoser, nährstoffreicher Boden

DIE PFLANZE ENTHÄLT OXALSÄURE, DIE IN GRÖSSEREN MENGEN VERZEHRT SCHWACH GIFTIG WIRKT.

NACH 6 WOCHEN

ÄHNLICHE ARTEN

Im Garten wächst noch der ähnliche Aufrechte Sauerklee (*O. stricta*, früher *O. fontana*, siehe Seite 148), der aus Nordamerika bei uns eingeführt wurde. Er unterscheidet sich vom Horn-Sauerklee durch die stets aufrechtstehenden Stängel (statt niederliegend), die hellgelben Blüten und die im oberen Bereich gegenständigen Blätter. Er überdauert den Winter dank seiner knolligen Rhizome.

NACH 6 WOCHEN

Mit den oberirdischen, kriechenden, rötlich gefärbten Seitentrieben breitet sich der wärmeliebende Hornfrüchtige Sauerklee an offenen Stellen, Wegen, in Blumentöpfen, Gewächshäusern, Pflasterfugen, Mauerritzen und auf Gräbern flächig aus. Die an diesen Stellen immer wieder mal auftretende Trockenheit macht ihm nichts aus. An den Blattknoten bilden sich Wurzeln, die die Pflanze im Boden verankern. Die markanten Blätter sind häufig rötlich bis bräunlich gefärbt. Knapp über dem Laub erheben sich an langen, behaarten Stielen gelbe, bis zu 1,2 cm große, im Zentrum oft rötliche Blüten mit fünf Kronblättern. Sie sind nur an trockenen, schönen Tagen geöffnet, bei Dunkelheit und Regen bleiben sie geschlossen. Vor allem Bienen besuchen die nektar- und pollenhaltigen Blüten. Aus den Blüten entwickeln sich bis zu 2,5 cm lange, hornähnliche (Name!), dicht behaarte Kapselfrüchte. Wenn sie reif sind, springen sie bei Berührung auf. Dabei werden die bis zu 70 kleinen, sehr kälteresistenten Samen pro Blüte 1 m und mehr herausgeschleudert. Der Hornfrüchtige Sauerklee geht im Winter ein oder überdauert ihn dank seiner langen Pfahlwurzel, die im kommenden Jahr bei ausreichend Wärme wieder austreibt.

Wenn Sie den Sauerklee nicht als schützenden Bodendecker in Pflanzgefäßen oder auf Beeten wünschen, sollten Sie ihn entfernen: Ziehen Sie die Pflanze nicht aus dem Boden heraus, sondern graben Sie ihn mit möglichst viel Wurzeln aus; das geht am besten, wenn der Boden locker oder feucht ist.

Kalifornischer Mohn

Dieser beliebten Sommerblume mit den kräftig orangen Blüten sieht man nicht an, dass sie dank äußerst resistenter Samen nur so vor Lebenskraft strotzt.

STECKBRIEF

BOTANISCHER NAME: *Eschscholzia californica* (Mohngewächse)

LEBENSFORM: ein- oder mehrjährig

BLÜTEZEIT: Juni bis Oktober

HÖHE: 30 bis 40 cm

VORKOMMEN: in Gärten, Parks, an Straßenrändern und auf Blumeninseln im Stadtgrün

STANDORT: vollsonnig; wasserdurchlässiger, nährstoffarmer Boden

FRISCH GEKEIMT

NACH 2 WOCHEN

FRISCH GEKEIMT

Die Samen können im Boden viele Jahrzehnte lang ausharren und behalten währenddessen ihre Keimfähigkeit. Im Frühjahr keimen junge Pflänzchen mit den beiden ungewöhnlichen Keimblättern: Jedes Keimblatt teilt sich in zwei gleichlange symmetrische Blatthälften. Am bereitwilligsten wächst diese wärmeliebende Pflanze in sandig-kiesigem, durchlässigem Boden in voller Sonne.

Der Kalifornische Mohn ist solch eine hübsche Zierpflanze und wird, selbst wenn sie überall im Garten auftauchen sollte, dank ihres zierlichen Wuchses niemals lästig.
Der Kalifornische Mohn stammt aus dem Südwesten der USA, wo er in Wüstengebieten vorkommt – nach Regenfällen verwandelt diese hübsche Blume die unwirtlichen Wüsten in ein orangefarbenes Farbenmeer.

NACH 2 WOCHEN

Die grünen, manchmal auch grau- bis blaugrünen, bis zu 14 cm langen Laubblätter entspringen am Boden einer Rosette. Sie sind sehr fein in viele lineare Abschnitte mit runden Enden gefiedert, die an die Blätter von Dill erinnern. Dank seinem niederen, breiten Wuchs ist er ein dankbarer Lückenfüller für trocken-sonnige Steingärten und auch für Blumenbeete.

NACH 6 WOCHEN

GENIESSEN SIE DEN ANBLICK DES GOLDMOHNS IM GARTEN. ALS SCHNITTBLUME FÜR DIE VASE IST ER NICHT GEEIGNET – ER LÄSST SCHNELL DIE BLÜTENBLÄTTER FALLEN.

SCHLAF-MÜTZCHEN

Alle Pflanzenteile sind leicht giftig und enthalten verschiedene Alkaloide, die in Präparaten beruhigend und schlaffördernd wirken – ein Schlafmützchen eben –, zudem depressive Stimmungen und nervöse Übererregbarkeit lindern. Inhaltsstoffe des heilwirksamen Krauts wirken auch bei Leber- und Gallenerkrankungen.

NACH 6 WOCHEN

An den Stängelenden bilden sich die zu nächst kugeligen, dann kegelförmigen Blütenknospen. Sie öffnen sich monatelang nach und nach von Juni bis in den Herbst hinein. Dabei werden die beiden Kelchblätter, die in der Knospe die vier orangen Kronblätter umfassen, nach oben abgestreift – weil das an die langzipfeligen Schlafmützen aus Wilhelm Buschs Geschichten erinnert, kam die Pflanze zu ihrem deutschen Namen Schlafmützchen. Die orangen Blüten des Kalifornischen Mohns leuchten im grellen Sonnenlicht golden auf den Beeten (weiterer Name: Goldmohn). Die Blüten enthalten keinen Nektar, wohl aber reichlich Pollen, der von Bienen, Fliegen und anderen Insekten gesammelt wird.

Ab August reifen die Samen in bis zu 10 cm langen Schoten heran. Sie platzen nach der Reife auf und verteilen die Samen auf dem umliegenden Boden. Wenn Sie die Schoten ernten und an einem trockenen Platz aufbewahren, können Sie im Frühjahr ab April direkt im Freiland aussäen.

Kamille

Seit über 500 Jahren gehört die Echte Kamille zu den wichtigsten Heilkräutern, sie gedeiht selbst im kleinsten Garten.

NACH 5 BIS 6 MONATEN
Im kommenden Frühling wachsen die jungen Kamillenpflänzchen dann weiter – sie verzweigen sich und bilden die typischen sehr feinen, zwei- bis dreifach fiederteiligen Blätter mit schmalen linealen Abschnitten. Die Blätter stehen wechselständig an den aufrechten Stängeln. Wenn die Pflänzchen zu dicht stehen, können Sie einzelne entfernen. Im Gemüsebeet ist Kamille ein guter Nachbar für alle Kohlpflanzen.

FRISCH GEKEIMT
Meist pflanzt sich die Kamille nicht mittels einzelner Samen, sondern durch Abwerfen der ganzen Blütenkörbchen fort. Die sich darin entwickelnden Samen keimen meist noch im Herbst (Lichtkeimer, nicht mit Erde bedecken!). Die Sämlinge erkennen Sie an den filigran gefiederten Blättern, die aromatisch nach Kamille duften. Die Jungpflanzen überstehen den Winter meist problemlos, etwas Winterschutz schadet nicht.

STECKBRIEF

BOTANISCHER NAME: *Matricaria recutita*, syn. *M. chamomilla* (Korbblütengewächse)

LEBENSFORM: einjährig

BLÜTEZEIT: Mai bis August

HÖHE: 15 bis 50 cm

VORKOMMEN: häufig; Getreidefelder, Schuttplätze, Straßenrand

STANDORT: sonnig, warm; frischer, nährstoffreicher Boden

TYPISCHES MERKMAL: DEN HOHLEN BLÜTENBODEN ERKENNEN SIE SOFORT, WENN SIE MIT DEM FINGERNAGEL EINE BLÜTE HALBIEREN.

ÄHNLICHE ARTEN

Junge Echte Kamillenpflänzchen sind nur schwer von der Geruchlosen Kamille (*Tripleurospermum perforatum*, S. 149) und der Acker-Hundskamille (*Anthemis arvensis*) zu unterscheiden, die häufig an denselben Stellen wachsen. Jedoch duften die beiden letztgenannten Arten nicht und besitzen auch keinen hohlen Blütenboden.

NACH 7 BIS 8 MONATEN

Die Blüten der Echten Kamille, die an den Enden der stark verzweigten Stängel stehen, sind unverwechselbar: Der hoch aufgewölbte Blütenboden trägt unzählige gelbe, fertile (fruchtbare) Röhrenblüten, die von einem Kranz weißer, steriler (unfruchtbarer) Zungenblüten umgeben sind. Bald nach dem Aufblühen werden die Zungenblüten nach unten geschlagen. Die Blüten duften beim Zerreiben intensiv nach Kamille und verfärben die Fingerkuppen bläulich dunkellila. Zu den Blütengästen gehören Fliegen, Mücken, Käfer, Bienen und Hummeln. Wenn Schafe, Pferde und andere Weidetiere die Pflanzen fressen, verbreiten sie mit ihrem Kot die trockenen Früchte.

Die an ätherischen Ölen und Flavonoiden reichen Kamillenblüten sind sehr heilkräftig: Kamillentee und -präparate hemmen Entzündungen, lindern Schmerzen, fördern die Wundheilung, wirken antiseptisch und beruhigend. Da Kamillenpräparate sanft heilen, können sie sowohl äußerlich als Dampfbad, Tinktur, Salbe, Auflage, Sitzbad und Spülung auf offene, entzündete oder schlecht heilende Wunden, als auch innerlich als Tee oder Gurgelmittel angewendet werden. Aus den Blütenköpfen wird auch ätherisches Öl gewonnen. Für die frische Verwendung oder zum Trocknen ernten Sie die Kamillenblüten den ganzen Sommer lang. Mit frischen Kamillenblüten können Sie Süßspeisen und Obstsalate dekorieren und Limonade und Sirup aromatisieren. Zum Trocknen legen Sie die Blütenköpfe locker aus und bewahren Sie sie in einem aromageschützten, dunklen Behälter auf.

Kriechender Hahnenfuß

Wegen seiner Ausläufer kann der durchsetzungsstarke Kriechende Hahnenfuß lästig werden – er ist aber auch eine Bienenweide.

FRISCH AUSGETRIEBEN
Die grundständigen Laubblätter vom Kriechenden Hahnenfuß bestehen aus je drei Teilblättern, von denen das mittlere Teilblatt auffällig gestielt ist – so sehen auch die frisch austreibenden Blätter aus, die meist unbehaart sind, manchmal aber auch behaart sein können. Stechen Sie die Pflänzchen mit dem Unkrautstecher aus dem Boden, denn diese Hahnenfußart ist sehr ausbreitungsstark.

NACH 3 WOCHEN
In den darauffolgenden Wochen treiben weitere dreizählige, wechselständige Grundblätter mit dreieckiger Spreite aus. Dabei zeigen die Blätter ein- und derselben Pflanze eine deutliche Variabilität in ihren Formen – eindeutiges Kennzeichen ist die immer gestielte Endfieder. Sofort entfernen!

STECKBRIEF

BOTANISCHER NAME: *Ranunculus repens* (Hahnenfußgewächse)

LEBENSFORM: mehrjährig

BLÜTEZEIT: Mai bis September

HÖHE: 10 bis 50 cm

VORKOMMEN: sehr häufig; auf Feldern, feuchten Wiesen, an Wegrändern, Ufern, in Gärten

STANDORT: sonnig bis halbschattig; feuchter, verdichteter Boden

ACHTEN SIE EINMAL DARAUF: GANZ ZUFÄLLIG ENTSTEHEN BEIM KRIECHENDEN HAHNENFUSS IMMER MAL WIEDER BLÜTEN MIT MEHR ALS NUR FÜNF GELBEN KRONBLÄTTERN.

NACH 6 WOCHEN

PIONIERPFLANZE

Der Kriechende Hahnenfuß gehört zu den Pflanzen, die durch ihren kriechenden Wuchs mit den Wurzeln bildenden Ausläufern Hänge und Böschungen befestigen. Besitzen Sie einen Garten in Hanglage, sollten Sie gut überlegen, ob Sie die Pflanzen tatsächlich entfernen. Wichtig wäre in diesem Fall, dass Sie den abschüssigen Boden durch andere bodenfestigende Pflanzen schützen.

NACH 6 WOCHEN

Auf diesem Foto erkennen Sie gut den typischen Wuchs des Kriechenden Hahnenfußes: Die Pflanze bildet oft meterlange, oberirdische Ausläufer, die beblättert sind, Wurzeln in den Boden treiben und aus denen sich neue Jungpflanzen entwickeln. So breitet sich jede einzelne Pflanze stark aus und nimmt bald eine große Fläche ein – als Unterwuchs von Sträuchern können Sie dies ruhig hinnehmen, im Gemüsebeet oder in Blumenrabatten bildet der Kriechende Hahnenfuß rasch dichte Bestände, die mit den Kulturen um Fläche, Licht, Wasser und Nährstoffe konkurrieren. Er lässt sich auch nicht so leicht entfernen, da die Wurzeln bis zu 50 cm tief und fest im Boden verankert sind – einfaches Herausziehen funktioniert nicht, da müssen schon Unkrautstecher oder Hacke her. Durch die sehr lange Blütezeit von Mai bis in den Herbst hinein, sind die nektar- und pollenhaltigen Blüten eine wertvolle Insektenweide für alle Blütenbesucher wie Bienen, Fliegen, Käfer & Co. Die gelben Blüten mit fünf Kronblättern besitzen wie die vieler Hahnenfußarten einen fettigen Glanz – dadurch sehen sie auch recht attraktiv aus. Die Frucht ist eine kleine hell- bis dunkelbraune einsamige Nussfrucht, über die sich der Kriechende Hahnenfuß ebenfalls gut vermehrt. Wie viele Hahnenfußgewächse enthält auch diese Pflanze das giftige Protoanemonin. Da der Gehalt recht gering ist, wird der Kriechende Hahnenfuß als schwach giftig eingestuft. Weidevieh meidet frische Hahnenfußgewächse. Da diese Gifte beim Trocknen in ungiftiges Anemonin abgebaut werden, ist Hahnenfuß im Heu unbedenklich.

Kriechendes Fingerkraut

Weil das Kriechende Fingerkraut bis zu 1 m lange Ausläufer bildet, kann es andere Pflanzen leicht überwuchern.

NACH 2 BIS 3 WOCHEN
Schon als Jungpflanze bildet das Kriechende Fingerkraut erste Ausläufer in alle Richtungen; auf Mauern sieht es hübsch aus, wenn die Ausläufer herabhängen, doch auch hier sollten Sie sie im Zaum halten. Die jungen, im April und Mai gesammelten Blätter schmecken mild und passen roh zu Wildkräutersalaten, können aber auch zu Gemüse, Aufläufen und Suppen verarbeitet oder als Tee zubereitet werden.

FRISCH AUSGETRIEBEN
Schon die ersten Laubblätter, die im Frühjahr austreiben, machen deutlich, woher das Fingerkraut seinen deutschen Namen bekam: Die lang gestielten, fünfteiligen Blätter erinnern an die fünf Finger einer Hand. Die Blattränder sind grob gesägt, die Stängel und Blattunterseiten können grün oder rötlich braun gefärbt sein. Wenn Sie die Pflanze loswerden wollen, sollten Sie sie jetzt schon gezielt ausstechen.

STECKBRIEF

BOTANISCHER NAME: *Potentilla reptans* (Rosengewächse)

LEBENSFORM: mehrjährig

BLÜTEZEIT: Juni bis August

HÖHE: 10 bis 20 cm

VORKOMMEN: verbreitet; an Wegrändern, auf Feldern, Wiesen, brachliegenden Flächen, am Ufer

STANDORT: sonnig bis halbschattig; feuchter, nährstoffreicher Boden

AUSLÄUFER KONSEQUENT ABREISSEN!

BODENDECKER FÜR GROSSE FLÄCHEN

Das Kriechende Fingerkraut bildet rasch einen dichten Pflanzenteppich mit attraktiven gelben Blüten, die eine Insektenweide sind. Da es auch sehr wüchsig und konkurrenzstark ist, eignet es sich als Bodendecker für große Flächen, wie etwa nach Süden geneigte Straßenböschungen oder feuchte Bach- und Teichränder.

NACH 7 BIS 8 WOCHEN

Das Kriechende Fingerkraut breitet sich stark über oberirdische Ausläufer aus – es ist eine hübsche, manchmal aber auch lästige Bodendeckerpflanze. Die 30 bis 100 cm langen grünen oder rötlichen Ausläufer kriechen in alle Richtungen am Boden entlang. An den Knoten bewurzeln sich die Ausläufer, die dünnen Wurzeln reichen bis zu 45 cm tief in den Boden und bilden wie Erdbeeren neue Pflänzchen. Damit dieses Fingerkraut nicht überhandnimmt, sollten Sie durch konsequentes Abreißen verhindern, dass sich die Ausläufer bewurzeln. Das Kriechende Fingerkraut ist vor allem auf feuchten, nährstoffreichen, schweren Böden eine konkurrenzstarke Pflanze. Seine leuchtend gelben, bis zu 2,5 cm großen Blüten mit den fünf bis sechs an der Spitze herzförmig eingekerbten Kronblättern sitzen einzeln an langen Blütenstielen in den Blattachseln. Verschiedene Bienen, Käfer, Fliegen und andere Blütenbesucher sammeln Nektar und vor allem Pollen in den Blüten, aus denen sich pro Blüte über 200 graubraune Nüsschenfrüchte entwickeln. Ameisen verbreiten die Früchte, aber auch die Sohlen von Tieren und Menschen.

Die Blüten dekorieren Salate, Gemüse und angerichtete Speisen. Da das Kriechende Fingerkraut Gerbstoffe enthält, wurde es früher als Tee bei Durchfallerkrankungen und Entzündungen im Mund-Rachenraum verabreicht. Heute verwendet man es kaum noch, wohl aber die nah verwandte Blutwurz (*P. erecta*).

Mutterkraut

Das aus dem östlichen Mittelmeerraum stammende Mutterkraut ist eine hübsche Zier- und Heilpflanze mit aromatischem Duft.

NACH 3 WOCHEN

Die matt gelbgrünen, gefiederten, gestielten Blätter stehen wechselständig an den straff aufrechten, gerippten bis gefurchten Stängeln, die sich im oberen Bereich stark verzweigen. Stängelpartien können auch rötlich überlaufen sein. Beim Zerreiben verströmen die fast unbehaarten Blätter einen strengen, herb aromatischen Duft nach Kampfer und Kamille. Zerquetschte Blätter lindern Insektenstiche, Schwellungen und Quetschungen.

FRISCH AUSGETRIEBEN

Im Frühjahr treibt das Mutterkraut aus. Die fiederteiligen zarten Blätter bestehen auf jeder Seite aus drei bis sechs fiederspaltigen bis gesägten Fiederblättern mit stumpflichen Zipfeln. Da Mutterkraut nicht lästig wird und zudem hübsch blüht, lassen Sie es einfach gedeihen. Diese Heilpflanze sät sich auch selbst aus – die Sämlinge können Sie verpflanzen, auch in Blumentöpfe.

STECKBRIEF

BOTANISCHER NAME: *Tanacetum parthenium* (Korbblütengewächse)

LEBENSFORM: mehrjährig

BLÜTEZEIT: Juni bis August

HÖHE: 30 bis 60 cm

VORKOMMEN: in Gärten, gelegentlich verwildert an Wegrändern und Zäunen, auf brachliegenden, humusarmen Flächen

STANDORT: sonnig bis lichtschattig, warm; lockerer, nährstoffreicher Boden

ERSTE BLÄTTER SIND MEHRTEILIG

DIE FRISCHEN BLÄTTER ENTHALTEN SUBSTANZEN, AUF DIE EMPFINDLICHE MENSCHEN BEI KONTAKT MIT HAUTRÖTUNGEN UND AUSSCHLÄGEN REAGIEREN.

NACH 3 MONATEN

NAH VERWANDTER RAINFARN

Der heimische Rainfarn (*Tanacetum vulgare*) mit den farnähnlich gefiederten Blättern wächst an Wegrainen und in Apothekergärten. Da diese Heilpflanze früher gegen Körperwürmer eingesetzt wurde, heißt sie auch Wurmkraut. Heute verwendet man sie nur noch in homöopathischen Zubereitungen bei Krämpfen und nervösen Erschöpfungszuständen sowie als Räucherpflanze in der Imkerei.

NACH 3 MONATEN

Im Sommer öffnen sich die bis zu 2 cm großen aromatisch duftenden Blütenkörbchen, die zu fünf bis 30 in attraktiven lockeren Schirmrispen oder -dolden an den Stängelenden stehen. Jedes der hundskamillenähnlichen Blütenkörbchen besteht aus unzähligen gelben, fertilen (fruchtbaren) Röhrenblüten, die von einem Kranz weißer, steriler (unfruchtbarer) Zungenblüten umgeben ist. Diese Zungenblüten erhöhen die Attraktivität für Insekten, denn in den kurzen Kronröhren der Röhrenblüten ist der Nektar leicht für viele Insekten zugänglich. Es gibt Mutterkrautsorten („Knopfkamillen"), die nur gelbe Röhrenblüten besitzen. Sorten von Mutterkraut mit gefüllten Blüten sehen zwar hübsch aus, da sie aber nur aus sterilen Zungenblüten bestehen, bieten sie Insekten keinerlei Nektar und Pollen an. Finken und andere Vögel ernähren sich von den kantigen, gerippten Früchtchen, die sich aus den bestäubten Röhrenblüten entwickeln. Pflanzen über den Winter stehen lassen! Mutterkraut ist eine alte Heilpflanze, die früher in jedem Bauerngarten wuchs. Dort bevorzugt sie einen warmen Platz. Sie enthält neben vielen Bitterstoffen Substanzen, die auf den Gehirnstoffwechsel wirken und die Ausschüttung der Botenstoffe Serotonin und Histamin mindern. Daher ergeben die im Juni/Juli mit den Blütenstängeln geernteten Blüten nach sanftem Trocknen einen krampflösenden, verdauungsfördernden und entzündungshemmenden Tee (1 Teelöffel pro Tasse, 7 Minuten ziehen lassen), der Migräne, Kopf- und Menstruationsschmerzen vorbeugt. Sparsam verwenden, da die Pflanze giftige Inhaltsstoffe besitzt.

Rot-Klee, Wiesen-Klee

Um den Boden zu verbessern, säen Landwirte schon seit Jahrhunderten Klee auf brachliegenden Feldern aus – das funktioniert auch im Garten.

NACH 3 WOCHEN
Bald nach dem Austrieb erscheinen die ersten Alterslaubblätter an aufsteigenden oder aufrecht stehenden Stängeln. Nun zeigen die drei Fiederblätter auch schon die typische pfeilförmige helle Zeichnung, die auch nur ein heller Fleck sein kann. Sie können immer noch die Blätter sammeln. Der Rot- oder Wiesen-Klee ist eine der wichtigsten Futterpflanzen für Vieh.

FRISCH AUSGETRIEBEN
Im Frühjahr treibt der Rot-Klee mit dreifingerig gefiederten Blättern an langen Stielen aus den mit Knöllchenbakterien besetzten Wurzeln aus, die bis zu 2 m tief in den Boden reichen. Die drei ganzrandigen, unterseits behaarten Fiederblättchen sind rundlich bis elliptisch. Sammeln Sie die jungen eiweißreichen Blätter mit dem erbsenähnlichen Aroma für Frühlingssalate, Gemüse und Eierspeisen.

STECKBRIEF

BOTANISCHER NAME: *Trifolium repens* (Schmetterlingsblütengewächse)

LEBENSFORM: mehrjährig

BLÜTEZEIT: Mai bis August

HÖHE: 10 bis 30 cm

VORKOMMEN: häufig; auf Wiesen, Weiden, an Wegrändern, in lichten Wäldern, auf Feldern angebaut

STANDORT: sonnig; nährstoffreicher Boden

GRÜNDÜNGUNG

Da in den Wurzelknöllchen Bakterien leben, die den Stickstoff aus der Luft aufnehmen und zu für Pflanzen verfügbaren Stickstoffverbindungen aufbauen können, verbessert der Rot-Klee wie alle anderen Kleearten auf natürliche Weise den Boden. Diese günstige Eigenschaft machten sich früher die Landwirte bei der Dreifelderbewirtschaftung zunutze und bauten alle drei Jahre Klee an.

NACH 6 WOCHEN IM 2. JAHR

Im Sommer blüht der Wiesen-Klee, allerdings erscheinen die ersten Blüten oft nicht gleich im ersten Standjahr. Die kugeligen bis eiförmigen Blütenköpfe werden vom obersten Laubblatt umhüllt. Sie bestehen aus unzähligen rosa bis purpurroten, zart duftenden Schmetterlingsblüten, die sich von unten nach oben öffnen. Da der reichlich enthaltene Nektar besonders zuckerhaltig ist, locken die Blüten Unmengen an Honigbienen, Wildbienen, Hummeln, Schmetterlinge und Fliegen an. Nach dem Verblühen fallen die Einzelblüten nicht ab, sondern vertrocknen am Blütenkopf. Wenn dann in den Blütchen die winzigen einsamigen Kapselfrüchte reifen, werden sie mit den abfallenden getrockneten Blütenresten weiter verbreitet.
Mit den Blüten können Sie Speisen dekorieren, einen zartblumigen Tee zubereiten, Sirup und Likör herstellen und Sommergetränke aromatisieren. Die Blüten enthalten Isoflavonoide, die ihre Wirkung gegen Schweißausbrüche und Hitzewallungen während der Wechseljahre und bei Husten in einem Blütentee (2 Teelöffel pro Tasse, 5 Minuten ziehen lassen) entfalten. Wenn Sie den Tee etwas länger ziehen lassen, wird er wegen der Gerbstoffe bitterer und wirkt bei Durchfall.
Auf die betroffene Stelle aufgelegte zerquetschte Blätter lindern den Juckreiz nach einem Insektenstich.

Schafgarbe

Als attraktive heimische Wildstaude hält die Schafgarbe Einzug in vielen Gärten, in denen sie sich gut in Blumenrabatten und Staudenbeeten macht.

NACH 2 BIS 3 WOCHEN

Nach und nach treiben die kantigen, dicken, fast kahlen Stängel aus. Die wechselständigen Stängelblätter sind lanzettlich geformt. Sie setzen sich beidseits aus mehr als zehn Fiederblättchen zusammen, deren Rand fein gesägt ist. Schafe fressen gern die Blätter. Von März bis Mai würzen die jungen Blätter mit herb-pfefferigem Geschmack roh oder gedünstet Salate, Eintöpfe und Suppen.

FRISCH AUSGETRIEBEN

Mit dem Austrieb im Frühjahr erscheinen die lanzettlichen, fein zwei- bis dreifach fiederspaltigen Grundblätter, die an Federn, Augenbrauen oder Tannenbäumchen erinnern. Schafgarbe sät sich willig selbst aus – vor allem in Gärten mit leichteren Böden tauchen dann die kleinen Sämlinge im Umkreis um die Mutterpflanze auf. Eventuell sollten Sie an Schutzmaßnahmen vor Schneckenfraß denken.

STECKBRIEF

BOTANISCHER NAME: *Achillea millefolium* (Korbblütengewächse)

LEBENSFORM: mehrjährig

BLÜTEZEIT: Juni bis Oktober

HÖHE: 30 bis 60 cm

VORKOMMEN: verbreitet; auf Wiesen, Weiden, Feldern, in Gärten, oft auf sandigen bis steinigen Böden

STANDORT: sonnig, warm; lockerer, eher trockener Boden

VORSICHT IN DER SONNE!

Schafgarbe enthält in allen Pflanzenteilen Furocumarine, die fototoxisch wirken: Zusammen mit Sonnenlicht können sie bei empfindlichen Menschen zu Hautreizungen, Rötungen und Ausschlägen führen – bekannt als Schafgarben-Dermatitis. Sicherheitshalber sollten Sie Garten-Handschuhe tragen, wenn Sie Schafgarbe ernten oder zurückschneiden.

DIE WIESEN-SCHAFGARBE IST EINE DANKBARE SCHNITTBLUME FÜR DIE VASE. OFT WASSER NACHFÜLLEN, DENN SIE BRAUCHT VIEL DAVON.

NACH 3 MONATEN

Die ganze Pflanze duftet aromatisch, vor allem an heißen Tagen und vollsonnigen Plätzen. Ab Juni bis in den Herbst hinein erscheinen die dichten scheindoldigen Blütenstände an aufrechten, sehr zähen Stängeln, die jeweils aus vielen, bis zu 1 cm großen Blütenkörbchen bestehen. Jedes Blütenkörbchen besteht seinerseits aus bis zu 75 gelblich weißen Röhrenblüten, die von vier bis sechs weißen Zungenblüten umgeben sind. Die nektar- und pollenhaltigen Blüten werden von sehr vielen Insekten – Käfern, Fliegen, Bienen und anderen – besucht. Aus den bestäubten Röhrenblüten bilden sich trockene Früchte. Schafgarben vermehren sich nicht nur durch Samen, sondern bilden auch unterirdische Ausläufer. Die frischen Blüten sind essbar.

Die Schafgarbe ist ein altbekanntes Wund- und Frauenheilkraut. Sie enthält ähnliche ätherische Öle wie die Echte Kamille: Äußerlich angewendet lindert Schafgarbe entzündete Haut, schlecht heilende Wunden und Ekzeme. Innerlich als Tee eingenommen wirkt sie krampflösend bei Menstruationsbeschwerden, nervösem Magen und Verdauungsbeschwerden („Bauchwehkraut"), entzündungshemmend und – nach längerer Ziehzeit, in der sich die Bitterstoffe entfalten können – appetitanregend.

Für diese Heilanwendungen ernten Sie die Blüten der Art mit den obersten Blättern im Juli/August und trocknen sie sanft. Im Handel erhältliche Sorten und andere Arten sind nicht zu verwenden! Auch Weidetiere heilen sich wohl selbst mit Schafgarbe – sie fressen die Blätter bei Blähungen und vermutlich auch gegen Würmer.

Schaumkraut

Das Behaarte Schaumkraut wächst in vielen Gärten, in die es oft mit neuen Topfpflanzen aus Gärtnereien gelangt.

NACH 1 WOCHE
Die drei- bis siebenzählig gefiederten Blätter mit rundem bis fünfeckigem Endblättchen bilden eine Rosette. Typisch sind auch die violett überlaufenen Stängel. Auf nährstoffreichen, feuchten Beeten kann die Pflanze stattliche Größen erreichen – durch konsequentes Jäten können Sie sie im Zaum halten. Oder Sie sehen das Behaarte Schaumkraut als Wildgemüse und ernten die komplette Pflanze vor der Blüte.

FRISCH GEKEIMT
Bereits früh im Jahr erscheinen die winzigen Sämlinge mit gefiederten Keim- und Laubblättern. Um die Sämlinge des Behaarten Schaumkrauts von den ähnlichen des Wiesen-Schaumkrauts zu unterscheiden, halten Sie die Blätter unters Licht: Dort erkennen Sie mit dem bloßen Auge die fein behaarten Blattoberseiten der Grundblätter (Artname *hirsutum* = behaart) – beim Wiesen-Schaumkraut sind sie kahl.

STECKBRIEF

BOTANISCHER NAME: *Cardamine hirsuta* (Kreuzblütengewächse)
LEBENSFORM: einjährig
BLÜTEZEIT: März bis Juni, manchmal auch im Herbst
HÖHE: 5 bis 30 cm
VORKOMMEN: verbreitet; in Gärten, Weinbergen, Baumschulen
STANDORT: sonnig bis schattig; feuchter, nährstoffreicher Boden

NACH 3 WOCHEN

ÄHNLICHE PFLANZEN

Im zeitigen Frühjahr keimen im Garten noch ein paar andere Kreuzblütengewächse mit zarten, weißen Blüten: Auf magerem, nährstoffarmem Boden gedeiht das nur 5 bis 10 cm hohe Frühlings-Hungerblümchen (*Erophila verna*), das Sie an den tief eingeschnittenen Blütenblättern erkennen (die vier Blütenblätter wirken dadurch wie acht). Auch die immergrüne Gänsekresse (*Arabis*) blüht zeitig im Jahr, sie besitzt aber keine gefiederten Blätter.

WIE BEI DEN SPRINGKRÄUTERN PLATZEN DIE SCHOTEN AUF, WENN MAN SIE BERÜHRT!

NACH 3 WOCHEN

Aus den winzigen weißen, vierzähligen Blüten bilden sich bis zu 2,5 cm lange, steil aufrecht stehende Schotenfrüchte. Sobald die Samen reif sind, platzen die Schoten auf. Dabei werden die Samen im Umkreis von 1 m und mehr verbreitet, dann stirbt die Pflanze ab. Das Behaarte Schaumkraut hat sich in den letzten 30 Jahren über Baumschulen und Gärtnereien in den Gärten weit verbreitet. Wenn Sie das Behaarte Schaumkraut eindämmen möchten, entfernen Sie es durch Jäten, bevor sich die Schotenfrüchte gebildet haben. Das Behaarte oder Garten-Schaumkraut ist die unscheinbare Schwester des häufigen Wiesen-Schaumkrauts (*C. pratensis*), das im April und Mai feuchte, nährstoffreiche Wiesen in zartrosa Blütenteppiche verwandelt. Dafür steht das Behaarte Schaumkraut schon im März in voller Blüte, ein zweites Mal blüht es bis in den November hinein. Von beiden Schaumkrautarten können Sie die pikanten, Vitamin-C-reichen Blätter roh als Salat oder gekocht als Gemüse genießen. Dazu pflücken Sie sie am besten vor der Blüte. Beim Kochen verlieren die Blätter allerdings ihre Schärfe. Seinen Namen verdankt das Schaumkraut der Wiesenschaumzikade, deren kleine Larven in schaumigen, spuckeähnlichen Nestern („Kuckucksspeichel") an den Blütenstängeln heranwachsen. Der Aurorafalter (*Anthocharis cardamines*) trägt den botanischen Gattungsnamen der Schaumkräuter sogar in seinem wissenschaftlichen Artnamen, da sich seine Raupen auch von diesen ernähren.

Stinkender Storchschnabel

Der intensive Geruch, den viele Menschen unangenehm finden, gab dieser Pflanze ihren Namen.

FRISCH GEKEIMT

NACH 1 – 2 WOCHEN

NACH 1 BIS 2 WOCHEN
Während die ersten Laubblätter meist nur dreizählig gefiedert sind, bestehen die weiteren handförmigen, bis zu 4 cm langen und bis zu 7,5 cm breiten Laubblätter meist aus fünf fiederspaltigen Fiederblättern. Stängel und Blätter sind häufig behaart, können aber auch glatt sein. Wegen des Gehaltes an ätherischen Ölen verströmt die Pflanze einen herb-würzigen, eher unangenehmen Duft, vor allem wenn man an den Blättern reibt.

FRISCH GEKEIMT
Kaum haben sich die beiden rundlichen, an der Spitze eingedellten Keimblätter entfaltet, erscheinen auch schon die ersten gefiederten, gestielten Laubblätter. Typisch ist die drüsige Behaarung der Stängel und Blätter. Diese Storchschnabel-Art ist sehr schattenverträglich, auch die Samen keimen schon bei geringsten Mengen Tageslicht. Ruhig wachsen lassen!

STECKBRIEF

BOTANISCHER NAME: *Geranium robertianum* (Storchschnabelgewächse)

LEBENSFORM: ein- oder zweijährig

BLÜTEZEIT: Mai bis Oktober

HÖHE: 20 bis 40 cm

VORKOMMEN: verbreitet; in Wäldern, Schluchten, Auen, Siedlungen, zwischen Mauern und Felsen, auf steinigen und öden Plätzen wie Bahnschotter

STANDORT: lichtschattig bis schattig; eher feuchter, humoser, nährstoffreicher Boden

AN HELLEN STANDORTEN IST DER STINK-STORCHSCHNABEL OFT ZUM SCHUTZ VOR DER SONNE ROT GEFÄRBT.

NACH 8 WOCHEN

ALTE HEILPFLANZE

Diese Pflanze ist auch als Ruprechtskraut bekannt. Der Name soll auf den heiligen Ruprecht verweisen, der vor etwa 1400 Jahren den Einsatz dieser gerbstoffhaltigen Pflanze bei Durchfall, Magen-Darm-Beschwerden sowie Leber- und Gallenleiden empfahl. Äußerlich wurde sie bei Hautausschlägen, schlecht heilenden Wunden und Geschwüren angewendet. Heute wird der Stinkende Storchschnabel nur noch in der Volksheilkunde eingesetzt.

NACH 8 WOCHEN

Schon ab Mai blüht der locker verzweigte Stink-Storchschnabel mit den meist karminrot überlaufenen Stängeln mit wechselständigen Blättern. Mit den verdickten Blattgelenken richtet er seine Blätter optimal zum Licht aus. Die bis zu 1,2 cm großen, schalen- bis scheibenförmigen Blüten bestehen aus fünf rosaroten Blütenblättern mit hellen Streifen, die oft zu zweit an den Enden eines gemeinsamen Blütenstängels stehen. Zuerst reifen die Staubblätter heran und lassen den Pollen frei, danach öffnen sich die Narben. Honigbienen, Wildbienen, Hummeln, Schwebfliegen und Schmetterlinge besuchen die nektar- und pollenhaltigen Blüten, die aufgrund der langen Blütezeit trotz des mäßigen Nahrungsangebots eine wichtige Insektenweide sind. Freuen Sie sich, wenn diese hübsche zierende Wildpflanze in Ihrem Garten gedeiht, denn sie blüht selbst an schattigsten Plätzen. Fehlen bestäubende Insekten, so können sich die Blüten auch selbst bestäuben. Aus den bestäubten Blüten entwickelt sich die fünfteilige Spaltfrucht mit dem auffallenden schnabelähnlichen Gebilde an deren oberem Ende, der die Pflanzenfamilie auch ihren deutschen Namen Storchschnabelgewächse verdankt. Werden die Samen reif, so rollt sich der „Schnabel" ein und die Samen werden bis zu 3 m weit und 2 m hoch in die Umgebung geschleudert. Da die Samen klettenähnliche Haarstränge tragen, bleiben sie auch an Felsen, Mauern und Baumstämmen haften und keimen dort mitunter aus.

Türken-Mohn

Dieser Mohn ist eine attraktive Zierpflanze, denn er gibt im Sommer leuchtend rote Farbtupfer im Blumenbeet.

STECKBRIEF

BOTANISCHER NAME: *Papaver orientale* (Mohngewächse)

LEBENSFORM: mehrjährig

BLÜTEZEIT: Mai bis Juli

HÖHE: 70 bis 100 cm

VORKOMMEN: in Parks und Gärten

STANDORT: sonnig, warm; eher trockener, nicht zu nährstoffreicher Boden

FRISCH AUSGETRIEBEN

NACH 3 – 4 WOCHEN

FRISCH AUSGETRIEBEN

Bevorzugt an sonnigen Plätzen treibt der wärmeliebende Türkische Mohn im Spätsommer/Herbst mit seinen stark behaarten, langen, fiederspaltigen Blättern mit gezähntem Blattrand aus. Sie bilden eine grundständige Blattrosette. Dank der dichten, langen Behaarung wird die Verdunstung von Wasser stark herabgesetzt. Zudem reflektieren die weißen Haare als Hitzeschutz das Sonnenlicht. Der Türkische Mohn stammt aus der Türkei, dem Iran und Kaukasus. Anders als der heimische einjährige Klatsch-Mohn (*P. rhoeas*), ist er eine Staude. Da er eine lange Pfahlwurzel besitzt, lässt er sich nur schwer an einen neuen Standort verpflanzen – keimt er an Stellen, an denen er nicht wachsen soll, sollten Sie ihn möglichst jung umsetzen. Staunässe verträgt er gar nicht.

NACH 3 BIS 4 WOCHEN

In der grundständigen Blattrosette werden die gestielten, graugrünen Laubblätter bis zu 25 cm lang. Ein einzelnes Laubblatt besteht aus vielen lanzettförmigen, parallelen Teilblättern mit gesägtem Blattrand. Da Mohnsamen unsere Winter in der obersten Bodenschicht überdauern, können sie an Stellen keimen, an denen Sie nicht ausgesät wurden.

DER STÄNGEL BEINHALTET EINEN WEISSEN MILCHSAFT, DER GIFTIGE ALKALOIDE ENTHÄLT.

NACH 8 MONATEN

Über den dichten Blattern erheben sich die kräftigen, aufrechten oder aufsteigenden Stängel, die sich nur selten verzweigen. An den Stängelenden entwickeln sich eiförmige, behaarte Blütenknospen, die sich bald zu bis zu 15 cm großen, schüsselförmigen Blüten in leuchtenden Rot-, Rosa- oder Orangetönen öffnen, es gibt sogar Sorten mit weißen Blüten. Jede Blüte besteht aus fünf oder einem Kranz fünfzähliger Blütenblätter, der Blütenboden ist meist dunkel gefärbt. In der Blütenmitte sitzt der typisch mohnähnliche Fruchtknoten, um den sich dicht die dunklen Staubfäden drängen. Bienen und andere Insekten bestäuben die Blüten, die sich aber auch selbst bestäuben können.

Nach der Bestäubung fallen die Blütenblätter ab, im Fruchtknoten reifen die Samen heran. Wenn sie reif sind, öffnen sich am oberen Ende der Kapselfrucht kleine Poren, aus denen die Samen ab Juli/August herausgeschleudert und mit dem Wind verbreitet werden. Nach der Blüte zieht die Pflanze ein, sie treibt im Spätsommer/Herbst neu aus.

WEITERE ARTEN

Ähnlich wie der Türken-Mohn, aber mit kräftigeren Stängeln sieht der Arznei-Mohn (*P. bracteatum*) aus. Der einjährige Schlaf-Mohn (*P. somniferum*) ist eine alte Kulturpflanze mit wunderschönen Blüten, von dem es viele Kultursorten für den Garten gibt. Da aus seinen Inhaltsstoffen Opiate gewonnen werden, darf er nur mit Genehmigung kultiviert werden – auch im Garten. In Getreidefeldern und Blumenwiesen gedeiht der heimische Klatsch-Mohn.

Noch mehr Pflanzen

Im Garten treiben noch mehr Pflanzen aus oder keimen, deren erste Blätter mehrteilig sind. Die römischen Ziffern in den Bildern geben die Blütemonate an.

Aufrechter Sauerklee

Oxalis stricta

Die aus Nordamerika eingeführte Sauerkleeart mit den dreizähligen Kleeblättern an aufrechten Stängeln kann im Garten sehr lästig werden. Entfernen Sie sorgfältig alle ausgerissenen Pflanzenteile.

Beifuß-Traubenkraut

Ambrosia artemisiifolia

Reißen Sie die Ambrosie mit ihren graufilzig behaarten Blättern unbedingt aus (Handschuhe tragen!), bevor sie im August blüht. Die Pollen können heftige allergische Reaktionen auslösen.

Dill

Anethum graveolens

Die angenehm duftenden, filigran gefiederten Dillblätter besitzen einen süßlich-anisartigen Geschmack, der gut zu eingelegten Gurken, Kartoffelsalat und Fischgerichten passt. Nicht mitkochen!

Echte Nelkenwurz

Geum urbanum

Der alte Name Benediktinerkraut erinnert daran, dass diese wärmeliebende Pflanze früher an lichten, nährstoffreichen Standorten in Klostergärten wuchs. Heilpflanze bei Magen-Darm-Problemen.

Färber-Hundskamille

Anthemis tinctoria

Auf trockenen, steinigen oder sandigen Böden fühlt sie sich wohl. Ihre Blüten färbten früher Wolle gelb. Wildbienen besuchen die nektar- und pollenreichen Blüten, Raupen fressen die Blätter.

Geruchlose Kamille

Tripleurospermum perforatum

Die Sämlinge dieses Korbblütengewächses ähneln der Echten Kamille, aber es fehlt der typische Duft. Die Blütenkörbchen sind innen nicht hohl. Keine Heilpflanze, aber gute Bienenweide.

Großer Wiesenknopf

Sanguisorba officinalis

Früher verwendete man die Wurzeln dieser Wiesenpflanze als Blutstiller, worauf ihr Name (sanguis = Blut, sorbere = aufsaugen) hinweist. Viele Insekten besuchen die braunroten Blüten.

Jungfer im Grünen

Nigella damascena

Hummeln, Bienen und Schwebfliegen besuchen die pollen- und nektarhaltigen Blumen dieser wunderschönen einjährigen, anspruchslosen Sommerblume. Geben Sie ihr einen Platz in Ihrem Garten!

Kleiner Storchschnabel

Geranium pusillum

Wo der ein- oder zweijährige, robuste Kleine Storchschnabel wächst, ist der Boden stickstoffreich. Kleine Schwebfliegen, Bienen und andere Insekten besuchen die blasslila Blüten.

Liebstöckel, Maggikraut

Levisticum officinale

Beim Zerreiben duftet diese Heil- und Gewürzpflanze intensiv nach Maggi. Das beste Aroma hat das junge Kraut im Frühjahr, wenn es frisch austreibt. Liebstöckel wird bis zu 1,7 m hoch und will alleine stehen.

Lupine

Lupinus polyphyllus

Obwohl sie Stickstoff aus der Luft in pflanzenverfügbare Verbindungen umwandeln kann und die Blüten von Insekten besucht werden, gehört sie zu den als invasiv eingestuften Pflanzen: Abgeblühtes entfernen!

Möhre, Wilde Möhre

Daucus carota

Von der Wilden Möhre stammen unsere Kulturkarotten ab. Die flachen Blütenschirme, die im zweiten Standjahr erscheinen, locken viele Insekten an. Lassen Sie die wilde Möhre im Garten gedeihen.

Riesen-Bärenklau

Heracleum mantegazzianum

Entdecken Sie diese Pflanze in Ihrem Garten, unbedingt entfernen und vernichten (Handschuhe)! Sie wird bis zu 3,5 m hoch und enthält Substanzen, die bei Kontakt heftige Verbrennungen verursachen.

Schöllkraut

Chelidonium majus

In den kleinsten Fugen keimt das heimische Schöllkraut, das von April bis Oktober blüht. Die Samen werden von Ameisen verbreitet. Der gelbe Milchsaft hat leber- und gallenheilende Wirkstoffe.

Stauden-Lein

Linum perenne

Früher wurden die rauen Fasern dieser Pflanze für Stoffe gewonnen. Sie ist typisch für eine bestimmte Trockenrasengesellschaft, ist in der freien Natur aber selten geworden. Für Stein- und Heidegärten.

Strahlenlose Kamille

Matricaria discoidea

Ursprünglich aus Nordostasien stammend, ist diese Kamillenart ohne weiße Zungenblüten bei uns eingebürgert. Sie duftet intensiv, enthält aber keine der für die Echte Kamille typischen Inhaltsstoffe.

Studentenblume

Tagetes patula

Die einjährige Kleine Studentenblume gibt es in Gelb-, Orange- und Brauntönen. Sie soll wegen ihres strengen Dufts Nacktschnecken von Gemüse fernhalten. Enthält fototoxische Substanzen.

Tomate

Solanum lycopersicum

Wenn Sämlinge auftauchen, nicht wundern: Tomaten können sich auch selbst aussäen. Entnehmen Sie die junge Pflanze dem Boden und setzen Sie sie an einen passenden Platz oder in ein Pflanzgefäß.

Wald-Erdbeere

Fragaria vesca

Die kleinen Früchte dieser heimischen Art schmecken und duften intensiv, ein Tee aus den Blättern wirkt gegen Durchfall. Blüten und Früchte sind bei vielen Tieren beliebt. Ausbreitung über Ausläufer.

Weißer Steinklee

Melilotus albus

Die duftenden Blüten locken Insekten an, Schmetterlingsraupen ernähren sich von den Blättern. Getrocknet duftet die Pflanze nach Waldmeister. Sie kommt an trockenen Wegrändern und Bahndämmen vor.

Wiesen-Kerbel

Anthriscus sylvestris

Wie weit dieser Doldenblütler verbreitet ist, zeigen seine über 50 regionalen Namen. Auf nährstoffreichen Wiesen bildet er mit Scharfem Hahnenfuß dichte Bestände. Schmeckt herber als Echter Kerbel.

Wiesen-Storchschnabel

Geranium pratense

Im Frühjahr treibt dieser mehrjährige Storchschnabel mit siebenzählig handförmigen Blättern aus. Bienen und Schwebfliegen besuchen die bläulichen Blüten mit der schnabelähnlichen Frucht.

Winterling

Eranthis hyemalis

Schon im Spätwinter bieten die Blüten Insekten wichtige frühe Nahrung. In frisch-feuchtem Boden breitet sich der Winterling aus, im Juni hat er sich ganz in den Boden zurückgezogen.

NÜTZLICHE ADRESSEN

VEREINE UND VERBÄNDE

www.gartenbauvereine.de
➡ *Verband der Gartenbauvereine in Deutschland e.V., einem Zusammenschluss der Landesverbände der Obst- und Gartenbauvereine in Deutschland. Er tritt als Fürsprecher des Freizeitgartenbaus für die Erhaltung der Gartenkultur und die Pflege der Kulturlandschaft ein. Hier erhalten Sie Adressen der Landesverbände der Obst- und Gartenbauvereine in Ihrer Umgebung, die Ihnen bei Gartenfragen weiterhelfen können.*

Naturschutzbund Deutschland e.V. (NABU)
Bundesgeschäftsstelle
Tel.: 0 30 / 28 49 84-0
E-Mail: NABU@NABU.de
www.nabu.de
➡ *Der Naturschutzverein setzt sich für Mensch und Tier ein. Hier erhalten Sie ökologische Tipps rund um Haus und Garten, naturnahe Gärten, Pflanzenschutz, Wildwiesen uvm.*

Deutsche Gartenbau-Gesellschaft 1822 e.V.
Tel.: 0 30 / 28 09 34 25
E-Mail: info@dgg1822.de
www.dgg1822.de
➡ *Ziel des DGG ist die Verbesserung und Verbreitung des Gartenbaus und der Gartenkultur durch Fachinformationen und -beratung, Publikationen, Vorträge und Ausstellungen.*

Bund für Umwelt und Naturschutz Deutschland e.V. (BUND)
Bundesgeschäftsstelle
Tel.: 0 30 / 27 58 64-0
E-Mail: bund@bund.net
www.bund.net
➡ *Der BUND setzt sich für den Schutz der Natur und Umwelt ein, engagiert sich z. B. für eine ökologische Landwirtschaft und gesunde Lebensmittel, für den Klimaschutz und den Ausbau regenerativer Energien sowie für den Schutz bedrohter Arten. Hier erhalten Sie u.a. ökologische Tipps zu Haus und Garten.*

SAATGUT

Baldur-Garten
Tel.: 0 18 05 / 10 35-55
E-Mail: info@baldur-garten.de
www.baldur-garten.de
➡ *Blumen-, Gemüse- und Kräuter-Saatgut, auch Bio-Saatgut, sowie Stauden, Heckenpflanzen, Obstgehölze, Blumenzwiebeln, Kübelpflanzen, Kräuter und Zubehör.*

N.L.Chrestensen
Erfurter Samen- und Pflanzenzucht GmbH
Tel.: 03 61 / 5 10 15
E-Mail: versandhaus@chrestensen.com
www.gartenversandhaus.de
➡ *Saatgut und Blumenzwiebeln, Rosen, Zier- und Obstgehölze sowie Dünger und Pflanzenschutzmittel.*

Fesaja Versand
Tel.: 03 60 83 / 4 09 26
E-Mail: info@fesaja-versand.de
www.fesaja-versand.de
➡ *Spezialist für exotische Samen und Pflanzen aus aller Welt.*

Hof Berg-Garten
Stauden und Sämereien für naturnahe Gärten
Tel.: 0 77 64 / 2 39
E-Mail: info@hof-berggarten.de
www.hof-berggarten.de
➡ *Das Unternehmen legt Wert auf die Gestaltung naturnaher Gärten, für deren Gestaltung man alles Nötige im Online-Shop findet.*

Jelitto Staudensamen
Tel.: 0 50 71 / 98 29-0
E-Mail: info@jelitto.com
www.jelitto.com
➡ *Sortiment mit über 3700 Stauden-Arten und -Sorten.*

Keimzeit Saatgut-Fachversand
Tel.: 0 41 78 / 8 18 99 50
E-Mail: kontakt@keimzeit-saatgut.de
www.keimzeit-saatgut.de
➡ *Ausgesuchtes Saatgut und exklusive Gartendeko.*

Bio-Saatgut Gaby Krautkrämer
Tel.: 0 93 31 / 9 89 42 00
E-Mail: mehrInformation@bio-saatgut.de
www.bio-saatgut.de
➡ *Gemüse-Saatgut aus kontrolliert biologischem Anbau für ambitionierte Hobbygärtner.*

Samenhaus Müller
Tel.: 0 72 36 / 24 78-490
E-Mail: info@samenhaus.de
www.samenhaus.de
➡ *Sämereien für Blumen, Gemüse, Kräuter und Spezialitäten, z. B. von Quedlinburger, Kiepenkerl, Sperli, auch Bio-Saatgut, Anzucht-Zubehör.*

W. Nixdorf Gemüsegarten Versandhandel
Tel.: 0 93 43 / 34 65
E-Mail : nixdorf@garten-wn.de
www.garten-wn.de
➡ *Gemüsesaatgut und Zubehör.*

Gärtner Pötschke
Tel.: 0180 5 / 86 11 00
E-Mail: info@poetschke.de
www.poetschke.de
➡ *Saatgut, Pflanzen, Blumenzwiebeln, Zubehör, Deko-Artikel*

Sperli
Tel.: 0 25 82 / 67 09 65
E-Mail: info@sperlishop.de
www.sperlishop.de
➡ *Sämereien (Gemüse, Kräuter, Blume, auch Bio-Saatgut) und Gartenbedarfsartikel.*

Thysanotus-Versand
Uwe Siebers
Tel.: 0 42 07 / 57 08
E-Mail: UweSiebers@t-online.de
www.thysanotus-versand.de
➡ *Neuheiten, Raritäten und historische Kultursorten, auch Bio-Saatgut und Bienenweiden.*

DIE AUTORIN

Bärbel Oftring ist Diplom-Biologin mit den Schwerpunkten Botanik, Zoologie und Paläontologie. Ihre Liebe zur Natur setzt sie heute als Autorin, Redakteurin und Herausgeberin von zahlreichen Sachbüchern für Kinder und Erwachsene sowie in erlebnisreichen Naturforscher-aktionen in die Tat um. Ihre Bücher vermitteln auf anschauliche und interessante Weise, was es alles über Tiere und Pflanzen zu entdecken gibt, wurden bereits in mehrere Sprachen übersetzt und schon mehrmals für verschiedene Buchpreise nominiert. Heute lebt die engagierte Naturforscherin mit ihrer Familie und ihrem Hund bei Böblingen.

REGISTER

BILDNACHWEIS

Mit 371 Farbfotos von
123rf/OlhaSolodenko: 108 o. re.; 123rf/Peter Vrabel: 103 re.; arco Images/Sunbird Images: 59, Innenklappe hinten (9); Heiko Bellmann/Frank Hecker, Panten-Hammer: 51 li., 57, 72 o. Mi. (Kreis), 74 u. Mi. (Kreis), 74 u. re. (Kreis), 75 u. li. (Mitte), 83 (groß), 109 u. Mi. (Kreis), 110 u. re. (Kreis), 135, 139, 141, 151 u. re. (Kreis); Corinne Buch, Mühlheim an der Ruhr: 72 o.re. (groß), 72 u. re. (Kreis), 73 o .re. (groß), 149 o. Mi. (groß); Dr. Veit Martin Dörken, Stockach-Wahlwies: 108 u. Mi. (Kreis); Fritz Enßner, Langenzenn: 73 o. li. (beide), 74 o. Mi. (Kreis), 75 o. re (Kreis), 110 o. li. (beide), 110 u. Mi. (beide), 150 o. re. (beide); Flora Press/Bildagentur Beck: Innenklappe vorne (2); Flora Press/Botanical Images: Innenklappe vorne (1); Flora Press/Martin Hughes-Jones: 73 o. Mi.; Flora Press/Dieter Schinner: Innenklappe vorne (4); GAP Photos: 1, 4, 8 o. li, 78 li., 98 re., 114 li., 122 u. li., 128 re., 129, Außenklappe hinten; GAP Photos/Jonathan Buckley: 143 (groß); GAP Photos/Torie Chugg: 8 u. re; GAP Photos/Carole Drake: 10, 11 li.; GAP Photos/Jacqui Hurst: 160; GAP Photos/Janet Johnson: 11 re.; GAP Photos/Fiona McLeod: 149 u. re. (groß); Frank Hecker, Panten/Hammer: 2 u. re., 7, 9 u., 12, 14 li., 15 (Kreis), 16 re., 18 li., 19 (groß), 26 (beide), 28 (beide), 29, 30 li., 32 re., 33, 38 (beide), 40 (beide), 41 (beide), 42 (beide), 52 re., 53 (groß), 54 (alle drei), 56 re., 62 li., 63, 70 (beide), 71 (alle), 72 o. Mi. (groß), 72 u. li. (groß), 73 u. Mi. (beide), 74 o. re. (beide), 74 u. Mi. (groß), 74 u. re. (groß), 75 o. Mi. (Kreis), 80 re., 82 (beide), 83 (Kreis), 84 re., 85 (groß), 86 li., 87 li., 87 Mitte, 90 (beide), 94 re., 102 (beide), 103 li., 108 o. Mi., 109 o. li. (Kreis), 110 u. re. (groß), 111 o. Mi. (beide), 111 o.re. (groß), 116 li., 117, 118 re., 124 re., 130 (beide), 132 re., 136 (beide), 138 (beide), 140 li., 148 u. li. (groß), 150 u. li. (groß), 150 u. Mi. (beide), 151 u. Mi. (groß), 151 u. re. (groß), Innenklappe hinten (1, 4); Dr. Armin Jagel, Bochum: 72 u. re. (groß), 73 o. re. (Kreis), 74 o. li. (groß), 75 o. Mi. (groß), 108 u. Mi. (groß), 109 o. Mi. (groß), 109 u. li. (groß), 110 o. re. (beide), 111 o.li. (groß), 111 u. li. (beide), 109 u. re. (beide), 148 u. Mi. (beide), 149 o. Mi. (Kreis), 149 u. li. (beide), 150 u. re. (groß), 151 o. Mi. (groß), 151 u. li. (groß), 151 u. li. (Kreis); Dr. Till Kasielke, Mühlheim an der Ruhr: 72 o .re. (Kreis), 109 u. li. (Kreis), 151 o. Mi. (Kreis); Carolin Küßner, Lindau: 60 (beide), 73 u.re.; Dirk Mann, Dresden: 73 u. li. (beide), 74 o. Mi. (groß), 75 o. re. (groß), 81, 108 u.re. (groß), 111 u. re. (groß), 148 u. re. (beide), 149 u. Mi., 151 o. re. (groß); mauritius images/Marcus Harrison – plants/Alamy;: 86 re., mauritius images/Panther Media GmbH/Alamy: 87 (Kreis); mauritius images/STUDIO75/Alamy: 109 u. re. (Kreis), Bärbel Oftring, Böblingen: 80 li., 110 o. Mi. (groß), 110 u. li. (groß), 114 re.; Manfred Ruckszio, Taunustein: Außenklappe vorne (alle drei), Innenklappe vorne (3, 5, 7, 8, 9), 2 li.o., 2 re.o., 2 li.u, 9 o., 14 re., 15 (groß), 16 li., 18 re., 19 (Kreis), 22 (beide), 23, 27 (beide), 30 re., 31 (beide), 34 (beide), 35, 36 li., 39, 41 re., 44 re., 50 re., 56 li., 58 re., 62 re., 64 (beide), 65 (groß), 66 (beide), 67 (beide), 68 li., 74 u. li. (beide), 76, 78 re., 84 li., 85 (Kreis), 88 (beide), 89, 93, 94 li., 95, 100 (beide), 108 u. li. (beide), 109 o. li. (groß), 111 u. Mi. (beide), 112, 116 re., 120 (beide), 121 (groß), 125 (groß), 128 li., 131, 132 li., 134 (beide), 137, 140 re., 146 (beide), 147, 148 o. Mi., 148 o. re., 148 u. li. (Kreis), 150 o. Mi. (beide), 151 o. li. 151 u. Mi. (Kreis), Innenklappe hinten (3, 5, 6, 7, 8); Shutterstock/Andrej Starostin: 99 (Kreis); Shutterstock/Anna Gratys: 111 o.re. (Kreis); Shutterstock/Apugach: 150 u. re. (Kreis); Shutterstock/ChWeiss: 111 u. re. (Kreis); Shutterstock/Flower_Garden: 110 o. Mi. (Kreis); Shutterstock/Kasakov Maksim: 110 u. li. (Kreis); Shutterstock/Martin Fowler: 108 u. re. (Kreis); Shutterstock/Oleg Elkhov: 150 u. li. (Kreis); Shutterstock/ Iatiana Vogutova: 151 o. re. (Klein); Shutterstock/Tom Meaker: 109 o. Mi. (Kreis); Shutterstock/Vladimir Arndt: 111 o. li. (Kreis); Shutterstock/warmer: 101; Shutterstock/Zitzke: 74 o. li. (Kreis); Roland Spohn, Engen: Innenklappe vorne (6, 10), 17, 20 (beide), 21, 24 (beide), 25, 32 li., 36 re., 37, 43, 44 li., 45 (beide), 46 (beide), 47, 48, 49, 50 li., 51 re., 52 li., 53 (Kreis), 55, 61, 65 (Kreis), 68 re., 69, 72 u. li. (Kreis), 72 u. Mi. (beide), 75 o. li. (beide), 75 u. re., 75 u. li. (groß), 75 u. Mi., 79, 91, 92 (beide), 96 (beide), 97, 98 li., 99 (groß), 104 (beide), 105, 106 (beide), 107, 109 o. re. (groß), 109 u. Mi (groß), 115 (beide), 118 li., 119, 121 (Kreis), 122 Mi., 123 (Kreis), 123 (groß), 124 li., 125 (Kreis), 126 (beide), 127, 133, 142 (beide), 143 (Kreis), 144 (beide), 145, 149 o. li. , 149 o. re. (beide), 150 o. li. (beide), Innenklappe hinten (2, 10); Friedrich Strauß, Au-Seysdorf: 58 li., 149 u. re. (Kreis).

Mit 12 Illustrationen von
123rf.com/greyjj (Symbol für ökologisch wertvolle Pflanzen), 123rf.com/tribalium (Symbol für essbare Pflanzen); Daniela Petrini, A-Reutte (Symbole für Heilpflanzen, Zeigerpflanzen, klimatolerante Pflanzen); Claudia Schick/Neumarkt (Symbole für Pflanzen mit starkem Ausbreitungsdrang und für Pflanzen, die entfernt werden müssen); Shutterstock/nikolae (Symbol für Zierpflanzen); Shutterstock/Reamolko (Symbol für Giftpflanzen).

IMPRESSUM

Umschlaggestaltung von Gramisci Editorialdesign / Cornelia Sekulin, München unter Verwendung von zwei Farbfotos von Frank Hecker, Panten/Hammer (Umschlagvorderseite: Moschus-Malve) und Manfred Ruckszio, Taunusstein (Umschlagrückseite).

Mit 371 Farbfotos und 12 Zeichnungen.

Alle Angaben in diesem Buch sind sorgfältig geprüft und geben den neuesten Wissensstand bei der Veröffentlichung wieder. Da sich das Wissen aber laufend in rascher Folge weiterentwickelt und vergrößert, muss jeder Anwender prüfen, ob die Angaben nicht durch neuere Erkenntnisse überholt sind. Dazu muss er zum Beispiel Beipackzettel zu Dünge-, Pflanzenschutz- bzw. Pflanzenpflegemitteln lesen und genau befolgen sowie Gebrauchsanweisungen und Gesetze beachten.
Die Blütenfarben sind sortenabhängig, daher können auch Farben auf dem Markt sein, die im Buch nicht genannt werden. Die Blütezeiten sind ebenfalls sortenabhängig, aber auch klima- und standortabhängig. Die angegebenen Wuchshöhen und -breiten der Pflanzen sind Mittelwerte. Sie können je nach Nährstoffgehalt des Bodens variieren. Verschiedene Sorten können deutlich größer oder auch kleiner wachsen als die Art.

Gedruckt auf chlorfrei gebleichtem Papier

MIX Papier aus verantwortungsvollen Quellen FSC® C110508

ISBN 978-3-440-16785-4

Projektleitung: Carolin Küßner
Redaktion: Carolin Küßner
Bildredaktion: Carolin Küßner
Gestaltungskonzept: Gramisci Editorialdesign/ Cornelia Sekulin, München
Gestaltung und Satz: Daniela Petrini, A-Reutte
Produktion: Klaus Jost
Druck und Bindung: Westermann Druck Zwickau GmbH
Printed in Germany / Imprimé en Allemagne